管理科学学术论文写作

郭晓龙　编著

GUANLI KEXUE
XUESHU LUNWEN XIEZUO

高等教育出版社·北京

内容简介

本书旨在为管理科学领域的学生和年轻学者提供学术论文的写作指引。本书从管理科学研究的本质出发，剖析了学术论文的内容构成以及论文写作过程中需要注意的事项。在此过程中，本书融合学科内的多篇顶尖期刊论文，讲解了管理科学学术论文的写作范式，从而向读者传递行之有效的写作指导和规范。此外，本书结合作者的投稿经历，针对如何在论文投稿过程中回复审稿人的建议做了深度分析和讲解。最后，通过学科内的一篇优秀论文贯穿全书的理论讲解，帮助读者理解管理科学学术论文的写作规范。

本书可作为高等院校管理科学与工程类专业（含管理科学、工程管理、运作管理、工业工程、物流管理、供应链管理、系统工程等研究方向）学生的论文写作指导教材，也可供对管理科学学术论文写作感兴趣的研究人员参考。

图书在版编目（CIP）数据

管理科学学术论文写作 / 郭晓龙编著 . -- 北京：高等教育出版社，2022. 3 （2023. 8 重印）
ISBN 978-7-04-057092-2

Ⅰ. ①管… Ⅱ. ①郭… Ⅲ. ①管理学 - 论文 - 写作 - 教材 Ⅳ. ① H152.3

中国版本图书馆 CIP 数据核字（2021）第 200143 号

策划编辑 张 欣　　责任编辑 张 欣　　封面设计 姜 磊　　版式设计 王艳红
插图绘制 于 博　　责任校对 窦丽娜　　责任印制 高 峰

出版发行	高等教育出版社	网　　址	http://www.hep.edu.cn
社　　址	北京市西城区德外大街4号		http://www.hep.com.cn
邮政编码	100120	网上订购	http://www.hepmall.com.cn
印　　刷	北京新华印刷有限公司		http://www.hepmall.com
开　　本	787 mm×960 mm 1/16		http://www.hepmall.cn
印　　张	14.75		
字　　数	190 千字	版　　次	2022 年 3 月第 1 版
购书热线	010-58581118	印　　次	2023 年 8 月第 3 次印刷
咨询电话	400-810-0598	定　　价	29.00 元

本书如有缺页、倒页、脱页等质量问题，请到所购图书销售部门联系调换

物 料 号　57092-00

前　言

随着科学研究的国际化发展，学术论文写作是研究生撰写和发表科研论文所必备的一项基本能力；随着国际学术交流的发展，开展英文论文写作也日益必要。管理科学类研究由于受社会环境、人文关怀、经济背景等因素的影响，其相关学术论文的写作与传统自然科学论文写作存在很大差异。本书的目的是培养管理科学领域学生学术论文写作的基本能力，通过对学科内优秀学术论文剖析的方式，深度还原学术论文的创作过程，通过方法讲解与实例解析相结合的方式深入浅出地传授管理科学学术论文写作的思路和方法，从根本上让学生了解论文的结构和写作思路，掌握行之有效的写作方法。

本书主要内容分为三个部分：管理科学学术论文与传统自然科学论文写作的区别与特征；管理科学学术论文的写作方法讲解；管理科学论文写作中的语言技巧与易犯错误总结。全书共分为 11 章，第 1 章是概述，介绍管理科学专业在学术论文写作上与传统学科的联系与区别；第 2 章是标题、摘要和关键词的写法，讲述其选取和使用；第 3 章是引言的撰写；第 4 章是文献综述的撰写；第 5 章是模型构建；第 6 章是分析与讨论；第 7 章是结论的撰写；第 8 章是图、表与标点符号的使用；第 9 章是论文写作中的误区举例；第 10 章是如何有效回复评审意见；第 11 章是论文写作实例解析，通过对案例的通篇解读总结全书。

本书文稿的撰写得到了团队博士研究生的大力支持。博士生高倩（第6、7章）、程丽红（第5、6章）、李肖潇（第1、2章）、周强（第4、9章）、苏增慧（第3、8章）、宋静淼（第3、8章）等先后参与了本书初稿对应章节的文字整理。其中，高倩和李肖潇先后担任过课程助教，高倩和苏增慧还参与了全书的校对和格式统一工作。

本书在写作过程中得到了众多合作者，包括中国科学技术大学余玉刚教授、杨锋教授、吴杰教授、杜少甫教授、郑权教授、刘杰副教授、刘兵兵副研究员，美国圣路易斯华盛顿大学张付强教授，东北大学蒋忠中教授，复旦大学田林教授，荷兰伊拉斯姆斯大学René de Koster教授，兰州大学洪兆富教授，美国圣塔克拉拉大学李涛副教授，澳大利亚拉筹伯大学卞俊松副教授，英国伦敦大学学院詹东远博士的鼓励、帮助和支持，在此表示感谢。

本书的撰写有幸得到了中国科学技术大学研究生教育创新计划（优秀教材出版）项目（项目编号2020ycjc24）的大力支持，在此一并感谢。作为对管理科学学术论文写作技巧的粗浅探索，本书必然存在疏漏与不足之处，敬请各位读者批评指正。

郭晓龙

2021年6月30日

目　　录

第1章

概　述

1.1　管理科学研究

科学研究范式的概念和理论，由美国著名科学哲学家托马斯·库恩（Thomas Kuhn）于1962年在其经典著作《科学革命的结构》（*The Structure of Scientific Revolutions*）一书中提出，是常规科学所赖以运作的理论基础和实践规范，是从事某一科学领域研究者群体所共同遵从的世界观和行为方式。目前公认的科学研究范式包括逻辑思辨范式、实证研究范式、数据探索范式（由图灵奖得主Jim Gray于2007年提出）以及数理研究范式。其中，逻辑思辨范式是以逻辑推导的方式进行的纯理论、纯概念的研究；实证研究范式则是基于实验和经验归纳的研究；数据探索是以数据和统计软件进行分析的研究；而数理研究范式则是基于对自然现象的抽象简化，通过构建数学模型进行的研究。

本书重点介绍的管理科学研究属于数理研究范式，是利用数学模型进行各种现实管理决策的研究的统称。其在本质上是关注不同企业或组织，寻找可以更好地管理自身流程并提高生产率的方法。通过分析不同的管理方法，并将它们与现有可能性或实践进行比较，从而提供企业可以选择的可能提高生产效率的方法。该研究方法自从第二次世界大战之后便在各行各业中得到普遍应用。通过使用该方法，企业或组织可以识别不同的管理流程以及它们是否在尽可能有效地工作。

管理科学的关键是将管理可视化为一种逻辑行为，并通过抽象管理过程，借助符号、度量和关系来量化和描述该过程。这种分析方法的理论基于决策理论方法和合理的决策模型，并且可以为企业或组织提供有助于确定目标和实现目标的模型。

以运营管理领域经典的“报童问题（The Newsvendor Problem）”为例。我们将介绍其现实情况、逻辑抽象和符号化过程，以及最后构建的数学模型。

首先，这是一个以卖报纸为生的报童每天早上都需要做的决策：订购多少份报纸来售卖。报童会以批发价向报社采购当天的报纸，然后以零售价进行售卖，如果报纸在当天没有卖完，则会把报纸以回收价退回给报社（该价格低于批发价）。报童并不清楚当天究竟会有多少人购买报纸，但他希望赚到尽可能多的钱。

接下来我们对该问题进行符号化和抽象分析。由于每日购买报纸的人数为一个不确定的值，我们可以假设其为随机变量 D，并用 f/F 来表示其概率密度和分布函数。记批发价为 w、零售价为 r、回收价为 s。如果购进太多报纸，就会卖不完，产生损失 $w-s$；如果购进报纸过少，导致报纸不够销售，就会减少收入，并使消费者产生反感情绪，未来可能不再来购买报纸，所以缺货可能产生的损失也需要被考虑在内。我们将这种损失称为缺货成本，记作 p。在这种情况下，报童需要决策的订购量记为 q。

因此报童一天的期望销售利润可以写为

$$\Pi(q)=E[r\min\{D, q\}+s(q-D)^{+}-p(D-q)^{+}-wq]。$$

利用数学推导进行求解可以得到报童最优的订货量为

$$q=F^{-1}\left(\frac{r+p-w}{r+p-s}\right)。$$

更多报童模型的分析和求解过程请参考相关文献（Gallego G.，1995）。

这一经典问题被众多管理科学领域的学者熟知并研究，该模型很好地刻画了面对不确定的市场需求时，作为供应链下游的零售商的订货决策问题，可以广泛地应用于零售订货、原料订货等多种场景，极具现实意义。

正如上面分析的，管理科学研究以社会背景和现实情况为基础提出研究问题，构建抽象模型，并强调研究结果对于现实的指导意义。这不仅要求研究者在提出研究问题时考虑其现实背景的重要性，同时要求研究者在论文写作时能够使用简洁流畅的语言明确论文选题的意义、论文结论的贡献等，帮助读者厘清研究内容与现实的关系，以及对于现实中管理过程的指导作用。

因此本书将在1.2节中介绍一些管理科学领域的选题方法和按照该方法寻找研究题目的例子，为研究者们提供一些开启研究课题的思路。当然，寻找研究问题的方法并不仅限于书中提到的，但是这些方法作为一个开端或者引导年轻研究者的引子，仍是十分有帮助的。在此之后，我们将介绍如何进行管理科学论文的写作，在1.3节中介绍基本的写作结构，针对论文各部分的具体写作方法及注意事项将在本书后续章节当中做详细阐述。

1.2 研究选题

研究选题是确定研究方向、撰写学术论文的第一步，也是研究成功的前提，它直接影响着研究的对象、方法的选择以及未来学术成果的质量。好的研究选题要求研究者有问题意识，这是研究者必须具备的一种非常重要的能力，即能在具体和抽象之间建立联系，通过对日常生活中现象的观察，将其抽象转化为科学问题的能力。

在“报童问题”的例子中，通过对日常零售过程的观察，管理者可能会利用过往经验，总结得到一个大致的需求均值来确定采购数量。而在科学研究中，研究者把这一问题抽象参数化，并确定目标，即可优化获得最优采购数量。

爱因斯坦曾说过：“提出一个问题往往比解决一个问题更重要，因为解决问题也许仅是一个数学上或实验上的技术而已。而提出新的问题、新的可能性，从新角度去看旧的问题，却需要有创造性的想象力，而且标志着科学的真正进步。”强烈的问题意识（好奇心）作为创新的驱动力，促使研究者在观察现实情况时能够发现问题，并将其抽象简化为数学模型。任何一个好的研究都是从提出问题开始的，发现问题是解决问题的关键，也是创新的起点和开端。那么从管理科学的角度，如何观察现实并提出一个好的研究问题呢？我们总结了以下 3 种途径：

（1）通过对现实的观察，发现有趣的现象或问题，并建立理论进行解释或解决，填补前人未涉及的研究空白。

例如随着线上购物平台的快速发展，商家尝试不同的销售以及促销策略来应对日益激烈的同行竞争；与此同时，消费者在众多的选择中也对应有不同的购买决策。其中就存在许多有趣的管理科学现象和问题。有的商家采取频繁促销的方式进行销售，并不期望在价格高的时候获得销量，而仅依靠促销期间的销售赚取利润。如果商家已经预料到了价格高的时候没有消费者会进行购买，那么为什么不在这个时候同样制定一个较低的价格呢？一种猜想是较高价格的存在可以在消费者心中建立一个参考，当商家进行促销时，较高的参考价格可以使消费者在心理上有更多的获得感，从而增加在促销期间的销量。那么究竟这种心理上的获得感能否真的给商家带来利润的提升呢？这种促销策略与始终保持平稳价格相比，又是优还是劣呢？这是典型的基于实际观察发现总结的研究问题。

近年来，盲盒类产品的狂热同样是一个十分有趣的现象。商家会以低配产品的价格销售盲盒产品，并以一定概率为购买盲盒产品的消费者提供高配产品。这在常理看来对商家是毫无益处的，不仅降低了单件产品的销售利润，还让部分原本可能以高价购买高端产品的消费者转而购买盲盒产品。那么盲盒产品究竟是否真的对商家利润有益就成为一个十分值得研究的问题。

同样的，随着在线旅游预订平台（Online Travel Agency，OTA）的快速发展，越来越多的消费者开始在线上预订酒店和机票，其中也出现了非常多的有趣现象。譬如许多酒店通过与 OTA 合作的方式来扩大消费群体，而消费者可以在酒店自营官网和 OTA 之间随意切换，选择价低者进行购买。因此，OTA 为了保证其竞争力，可以采取补贴的方式向消费者进行预订返现。考虑这个由酒店和 OTA 组成的在线供应链中存在的合作与竞争问题，应该如何进行协调来达到最优就是一个十分有意义的研究问题。这一问题在 Guo et al.(2014）中得到了充分的研究。

这些在日常生活当中人们身边发生并且普遍存在的现象和问题，研究者可以通过观察这些现象并抽象总结得到非常具有研究意义的问题。

(2) 通过对现实的观察，找到现实与理论不相符的地方。许多学术观点也许在某一时刻或某些条件下成立，但当时间条件发生变化时，其正确性也可能会发生改变。在观察到现实与理论的冲突时，进行有根据的怀疑，这样的选题一定是有价值的。

一个典型的例子是管理学普遍使用的理性人假设，现实当中却观察到消费者很多时候并不能进行完全理性的决策。很多实验都证明了人们存在的行为因素导致他们做出与理性人假设相反的选择。譬如 Tversky and Kahneman（1981）的观察表明，消费者愿意花 10 分钟时间在价格为 15 美元的计算器上获得 33%的价格折扣，但不愿意花 10 分钟时间在 100 美元的夹克上获得 5%的价格折扣。虽然他们的收益都是 5 美元，但消费者对于收益的评价更看重相对的百分比，从而导致了这一结果。而在 Baucells and Heukamp（2010）的研究中，相比于以 80%的概率获得 12 欧元，更多人选择直接得到 9 欧元，尽管前者的期望是 9.6 欧元。风险规避行为让人们更倾向于进行低风险低收益的选择。但在同样的回报情况下，如果将概率都缩小 10 倍，即以 8%的概率获得 12 欧元，和以 10%的概率获得 9 欧元，此时更多的人选择前者。也就是说，当概率变小时，消费者似乎对风险不那么敏感了。这些消费者行为因素对传统研究中的理性人假设提出了挑战，之前的模型和结论可能都不再适用，因此在这些行为因素影响下提出的新的模型和理论是非常值得研究的。

另一个例子，在仓储管理领域，传统文献得到的结论是，分类存储的分类数量越多，仓库存取货物的运作效率越高。但在实际仓库运作当中，管理者仅使用非常有限数量的分类（大多为 3 类），这表明管理者在实践中没有动力去通过增加分类数量来提高仓库效率，而这一现象与文献研究结论不相符合。因此在 Yu et al.（2015）中，研究者从这个问题出发，找到了传统研究中一个有悖于实践的研究假设（存储空间与分类数量的多少无关）。在修正了这一假设的基础上，研究并发现了分类数量的最优值，从理论上成功解释了实践的正确性，更新了分类存储领域存在并普遍应用了 40 年的传统结论。

（3）理论的延伸与交流。面对已有的理论，提出新的方法或技术也许可以更进一步地推进其发展，或者利用不同的理论进行交叉研究，建立新的理论分支。

研究者多年来对于“车辆路径问题（Vehicle Routing Problem，VRP）”的研究和探索是一个很好的例子。传统对该问题的研究指对给定的服务对象（有固定的地理位置），以及车辆集合，组织适当的行车线路，使车辆有序地服务所有的对象。这一问题被证明为NP难问题，在规模较大的情况下难以得到最优解。因此研究者们不断地提出新的启发式算法，或者优化整数规划算法以提升算法效率。

同时也有研究者对VRP问题增加时间窗约束、车辆优先级约束、车型约束、多运输中心约束、环保约束等，作为该模型在不同特征场景下的延伸。例如Liu et al.（2019）研究了在家具送装过程中，考虑安装时间不确定性的VRP问题，这也属于针对VRP问题的延伸性研究，通过考虑更加符合现实场景的特性，得到针对这一问题的更好更具普适性的解决方案。

同样的利用不同理论的交叉，可以建立新的理论分支。借助其他领域的方法来解决本领域内的问题，一个典型例子是利用计算机领域的机器学习理论帮助解决管理科学研究中的问题。以管理科学研究中经常讨论的需求预测问题为例，许多传统研究采取需求分布已知的假设而脱离实际情况。而在计算机领域，机器学习算法以其优良的预测准确度而被广泛应用，因此越来越多的管理科学研究开始以机器学习算法预测为基础。这也催生了新的研究方向。

好的研究问题的提出不仅依赖于对现实生活的观察和总结，还取决于研究者对文献的广泛阅读与积累。对已有理论足够了解的情况下，才有可能发现新的问题与产生新的观点，这也反映出研究者的专业知识和能力。通过文献整理，我们可以梳理提出的问题的发展脉络，了解当前的研究现状，并且也可以预判自己提出问题的研究价值与理论贡献。如果在开始研究之前没有进行充分的文献梳理，可能导致研究方法的偏差错误或者研究的重复，这样的研究就失去了其核心价值。同时，文献的梳理也是对前人研究的充分肯定，使得研究者可以站在巨人的肩膀上进行更有意义的探索。最后，一个成功的选题应该考虑其研究范围。一方面，过大的选题会让研究难以深入，而只能进行浅显的概括；另一方面，如果选题范围过小，研究会过于集中在琐碎的细节，而削弱了研究的贡献和意义。

1.3 论文写作范式初探

论文写作作为研究工作的一部分，是作者与领域内学者、研究人员或相关从业者分享研究成果的一次学术对话，应当遵循客观公正的写作风格，通过可靠和可信的数据、模型和证据来帮助读者理解作者的研究工作。学术论文写作旨在促进有关某个主题或研究领域的知识体系，以公正可靠的方式呈现学术信息。因此学术论文需要做到清晰、简洁、重点突出、结构清楚、逻辑严密并有证据支持，使用正式的语调和风格，避免使用长句子和复杂的词汇。

而管理科学论文写作，由于管理科学理论与管理实践紧密结合的特性，更加要求作者以清晰简洁的语言阐明研究问题、研究内容以及研究贡献。一般意义上，管理科学论文有相对固定的写作框架，整篇论文形成一个“故事”，以帮助读者更好地了解研究背景、动机、问题、方法、结论及意义等。一篇管理科学论文需要包括：标题、摘要和关键词（Title, Abstract and Keywords）、引言（Introduction）、文献综述（Literature Review）、模型构建（Model Development）、分析与讨论（Analysis and Discussion）、总结（Conclusion）。需要注意的是，这个写作框架并不是一成不变的，可以根据研究者的研究内容进行调整和延伸。大部分的管理科学论文都可以归属于该写作框架，了解并熟悉它可以给予初次尝试管理科学论文写作的年轻研究者以指导。

（1）标题、摘要和关键词作为正文之前对全文的概括和总结（本书第 2 章），是读者了解和筛选文献的窗口，可以帮助论文被更多读者发现并仔细阅读，增加与其他学者进行学术交流的机会。

（2）引言作为论文正文的第一部分（本书第 3 章），起着统领全文的作用。主要是以简短的篇幅向读者阐明研究的来龙去脉，帮助读者厘清研究动机，概述研究内容、研究结论和管理启示。

其中研究动机的阐述尤为重要，这反映了该研究问题在实践和理论层面的重要性。实践的重要性在于，该研究致力于解决的问题对于企业管理与经济社会的发展的影响是重大且深远的；而理论的重要性在于，该研究涉及的问题尚未完全被前人所解释。

实践重要性要求研究者回答两个问题：一是该研究问题是如何制约企业管理与经济社会发展的？例如医疗管理领域对于医院诊疗效果和政府补贴的研究，政府出于社会福利的目的出台补贴政策，医院出于营利目的可能会出现钻政策空子的行为，对医院的病人造成不良的就医体验甚至更严重的后果，因此如何设计补贴政策能够有效约束医院行为保证病人权益成为一个至关重要的问题。该问题极大地影响了社会医疗体系建设以及人民群众的健康，是极具实践重要性的研究问题。二是该研究问题的解决方案能为经济社会进步提供什么支持？如果能够很好地解决上述医疗补贴政策制定问题，可以在约束医院诊疗行为的情况下补贴医院，进而提升病人的就医体验，增加社会福利，形成三方获益的局面，这也体现了该研究问题的现实意义。

对问题理论重要性的梳理主要聚焦于与前人研究的理论区别，在研究者明确问题的现实重要性的情况下，若提出的研究问题尚未被前人所关注，或与之前文献有不同且未被完全解释，那该问题的理论重要性就可以确定下来。这里需要强调的是研究者需要充分了解并梳理前人的研究，在对文献充分积累的情况下再进行判断，避免因为文献积累不足导致重复前人工作或者研究方向错误的情况发生。

(3) 文献综述是论文的第二部分（第 4 章），可以帮助读者了解该研究相关的背景知识和研究现状，同时梳理前人相关的研究成果，突出该研究与前人研究的区别以及对相关研究领域的促进作用，即对研究理论贡献的强调。

针对研究理论贡献，我们共总结了三种类型的理论创新：一是原创性创新。即研究问题是前人所没有涉及的，并且提出了前人没有提出过的创新性的观点或理论。这种创新起到了填补理论空白的作用，如果能够有好的结论，是极具理论贡献价值的研究。二是修正性创新，即针对前人研究结果的不足进行修正。任何理论和研究都是在特定背景设定之下取得的，受到客观因素限制。因此在新的背景或新的视角下，可能存在不同的结论，因此此类研究结果可以对前人的研究进行修正和完善。三是发展性创新。即在前人的研究的基础上更进一步，将原有理论进一步向前推进。前人受限于理论或者计算能力等原因得到的结果，在方法或工具进一步发展的时候，也许可以得到新的突破和完善。

(4) 论文的第三部分是模型构建（第 5 章），是学术论文的主体部分，旨在以简洁的语言和清晰的逻辑向读者阐明研究内容、方法与结果，由于研究模型和研究内容的不尽相同，研究者可以相应的进行论述结构的调整。

(5) 分析与讨论是论文的第四部分（第 6 章），主要是对模型结论的进一步解读，挖掘其数学模型背后的管理理念，强调其对实践的指导意义。同时它也强调了该研究对于现实和理论的重要性，回答了研究动机中提出的问题，是对研究理论和现实贡献的集中展现。

(6) 总结是一篇学术论文正文的最后一部分内容（第 7 章），是站在全文角度对研究内容的提炼概括和对研究结论的解读升华。在总结研究问题、内容与结论的同时还强调了研究的理论上和实践中的突破与贡献、对管理者的指导意义。此外，在对研究问题的分析和抽象过程中一定存在对现实情况的简化与假设，不可能存在完全符合现实复杂情况的数学模型。因此对论文的局限性以及未来研究方向的讨论也是不可缺少的一部分。

除了对论文每一部分的写作方法和注意事项都进行了详细的阐述之外，本书还针对论文写作过程中图表标注方式以及标点符号的使用规则和要求进行了详细的总结和介绍（第 8 章）。然而，论文的写作只是学术成果发表中的第一步，在完成论文写作投稿之后，研究者仍需按照评审专家的评审意见修改论文，这也要求作者能够准确解读并吸取评审专家的建议，因此本书也对如何正确解读并回复评审意见进行了介绍（第 9 章）。最后，作为学术论文写作的基础，正式规范的语言可以保证作者准确的表达其写作意图，避免词不达意和误解的情况发生，本书总结了一些论文写作过程中常用的句式、连接词等，供本书读者参考使用（第 10 章）。

1.4 本章小结

本章根据管理科学与自然科学领域在研究范式上的不同，从管理科学研究的定义、选题、研究方法与写作范式等方面进行了探索。在本书后续的内容中，将结合管理科学学术论文的基本构造，针对各个功能模块进行写作方法的介绍。

1.5 思考与讨论

1. 简述管理科学研究的特点及其与其他学科研究的区别。
2. 思考对比管理科学研究不同的选题方法。
3. 简述管理科学论文写作范式。

第 2 章

标题、摘要和关键词的写法

本章主要介绍如何进行管理科学论文的标题、摘要和关键词部分的写作，其作用在于总结论文的主要研究内容。标题多以简短的词组、语句或问题反映论文的研究主题，而摘要则以相对简洁的语句总结归纳整篇论文的内容、方法、结论和启示。这两部分是读者阅读一篇论文时最先读到的内容。一般情况下，大多数读者在进行文献筛选时会首先通过论文的标题判断该文献是否属于其关注的范畴，再通过摘要更加详细全面地了解整篇论文的具体问题和方法。可以说标题和摘要是论文面对读者检索和筛选论文的信息窗口，通过这个窗口研究者可以让读者认识和理解该研究，增加读者与研究者进行学术交流的机会和论文的影响力。

为了让可能感兴趣的读者能够更加方便地找到我们的论文，进行更多的学术交流与对话，高质量的标题、摘要和关键词要求研究者能够突出论文的核心贡献。在利用标题彰显论文的研究特色、激起读者的阅读兴趣的同时，也要保证关键词的普适性，便于读者进行检索和筛选。我们在这一部分将重点讨论它们的作用、应该包含的要素以及不同的写作方式。

2.1　标题

论文的标题可以帮助读者明确该文的研究主题，并在一定程度上了解其与现有研究的区别，同时标题还应该能够吸引读者的注意并激发其阅读兴趣，进行进一步深入的阅读，因此标题应当保持新颖，突出研究特色。

针对论文标题的撰写，本书总结了四种标题范式，并给出相应的例子进行示范说明。此外，当论文研究内容较为复杂或者研究者有想要更进一步补充说明的内容时，可以使用副标题对标题进行补充，因此本书也总结了三种不同的需要使用副标题进行补充说明的情况，并同样给出例子进行示范。本章给出的标题示例均出自国际期刊 *Marketing Science* 第32卷1－6期。

2.1.1　标题写作范式

我们首先介绍无副标题情况下，标题撰写的四种范式，并结合具体示例进行分析。

范式1：以关键词组合作为标题，告知作者研究的领域。

标题：Advertising and Consumers' Communications 说明：此处论文以并列的方式对两个关键词广告（Advertising）和消费者沟通（Consumers' Communications）进行组合形成研究标题。
标题：Co-Creation with Production Externalities 说明：此处论文标题以从属的方式对两个关键词生产外部性（Production Externalities）和协同创新（Co-Creation）进行组合。

这种命名方式操作简单并且容易掌握，只需要选择研究相关的关键词根据研究问题的逻辑进行组合即可，可以是并列、从属、约束、递进等。然而读者难以通过阅读这类标题了解论文具体的研究问题、内容和贡献，为论文筛选带来一定的困难，因此此范式大多适用于当

关键词本身非常热门、能够一下子抓住读者注意力的情况。

范式 2：以动名词短语作为标题，直接告知读者研究问题或内容。

标题：	Modeling Choice Interdependence in a Social Network
说明：	此处论文标题以动名词建模（Modeling）开头，并且告知读者该研究的建模对象是社交网络中的选择依存关系（Choice Interdependence in a Social Network）。
标题：	Pricing Prototypical Products
说明：	此处论文标题以动名词定价（Pricing）开头，并且阐明论文的研究内容是原型产品的定价决策。

这类论文标题多适用于对新的现象或场景进行研究，上例中的“建模”和“定价”本身就是论文主要的研究内容及贡献所在，以动名词的形式将其放在标题最前面更加生动和醒目，能够更好地帮助读者迅速了解论文内容。

范式 3：以 value，model，role，effect 等名词作为开头，点出研究的对象及贡献。

标题：	The Role of Search Engine Optimization in Search Marketing
说明：	此处论文标题以角色（The Role）开头，突出说明该研究的对象是搜索引擎优化（Search Engine Optimization），贡献是厘清了搜索引擎优化在搜索营销（Search Marketing）中扮演的角色和作用。
标题：	The Dynamic Effects of Bundling as a Product Strategy
说明：	此处论文标题以动态效果（The Dynamic Effects）开头，点出研究对象是捆绑策略（Bundling），贡献在于研究了捆绑作为一种产品策略对企业的影响。

此类论文标题大多是直接点出论文研究的贡献在于对这些因素、作用、效果的研究，因此这类标题多适用于对新的现象或机制进行分析的论文。

范式 4：以问句作为标题，直接给出论文的研究问题，吸引读者的兴趣。

标题：	How to Price Discriminate when Tariff Size Matters
说明：	此处论文标题直接向读者提问，如何在考虑关税的情况下进行价格歧视，表明论文解决了这一问题。
标 题：	Can Commonality Relieve Cannibalization in Product Line Design
说明：	此处论文标题以问题的形式直接向读者阐明了论文的研究内容，即在产品线设计中通用性是否能够减轻蚕食效应的影响。

虽然这些论文同样可以用陈述句或者动名词的形式进行命题，但问句既可以点明研究问题、明确研究场景，又可以突出论文贡献，最重要的是可以激发读者的好奇心。因此这类标题可以较好地适用于大部分管理科学领域的研究。

2.1.2　副标题使用方法

标题可以充分告知读者研究的内容，但有的时候可能不够具体或者没有突出研究的创新点，这时可以采用副标题进行补充说明。本书总结了如下三种经常使用副标题的情况。

情况 1：副标题提示新方法、新概念、新观点、新环境，对标题起到补充说明的作用。

标题：	When Do Markets Tip? A Cognitive Hierarchy Approach
说明：	这里的标题采用的是问句和副标题结合的方式，利用问句点出论文研究对象是市场倾覆，但由于标题内容不够具体，因此使用副标题告知读者研究使用的是认知层次的方法。
标题：	Exclusive Handset Arrangements in the Wireless Industry：A Competitive Analysis
说明：	此处的标题采用的是关键词组合加副标题的方式，利用关键词组合构成的主标题告知读者研究内容是无线运营商行业与手机厂商合作的独家手机版本的安排计划，但该标题包含的范围过大，因此再结合副标题补充说明本文研究的方向是竞争性分析。

情况 2：副标题补充说明特殊的情形、问题或数据集。

标题：	Stock Market Reactions to Customer and Competitor Orientations：The Case of Initial Public Offerings
说明：	此处主标题属于采用名词（Reactions）作为开头的范式，表明论文研究内容是股市对客户和竞争对手导向的反应，并利用副标题补充说明以首次公开募股的案例作为研究对象进行研究。
标题：	Economic Value of Celebrity Endorsements：Tiger Woods' Impact on Sales of Nike Golf Balls
说明：	此处标题同样属于采用名词（Value）作为开头的范式，解释论文研究对象是明星代言的经济价值，并利用副标题补充说明是以泰格·伍兹影响耐克高尔夫球销售为案例进行的。

情况 3： 利用副标题对主标题的内容作进一步的解释。

标题：	Complimentary Goods：Creating，Capturing，and Competing for Value
说明：	此处的标题采用的是关键词加副标题的方式，标题仅使用一个关键词互补商品来点出研究对象，之后用副标题进一步阐述本文关注的主要方向和具体内容集中于价值的创造、捕捉和竞争。
标题：	National Brand's Response to Store Brands：Throw in the Towel or Fight Back?
说明：	此处主标题属于用名词（Response）作为开头的范式，表明论文研究内容是全国性品牌对商店自有品牌的反应，然后用副标题补充说明反应的具体内容是投降还是反击。

有一些期刊会建议作者以一个非常短的标题来为论文进行命名，再用副标题来解释说明具体的研究内容或者方式方法。这种命名方式的好处在于：读者阅读论文标题时压力较小，简短的主标题能够大致表达论文的研究对象、内容或问题，然后利用副标题给出更为具体的解释，明确研究场景、方向和方法等。但需要说明的是，本书所总结的标题写作方式并非完全涵盖了学术界常用的所有范式，仅希望年轻学者在进行标题选取时将其作为参考，并在本书总结范式的基础上根据实际研究需要进行大胆的创新和尝试。

2.2　摘要和关键词

读者在根据标题选定文献后，往往会通过阅读摘要来了解整个研究的具体内容、方法、结论和启示，并进行进一步的文献筛选。

摘要是整篇论文的缩影和总结，旨在帮助读者快速了解论文的整体内容，因此摘要的撰写一般在整篇论文完成之后进行，根据已完成的论文及其结论进行总结概括。如果读者在阅读完摘要之后，仍然无法了解整个研究的内容、结论或贡献，或者因为表达缺乏逻辑性而产生误解，这篇摘要就失去了它的作用。

根据目标期刊的不同要求，摘要可以分为结构性摘要和一般性摘要。结构性摘要是由出版社或期刊提出多个摘要条目，研究人员在每个条目之下回答相应的问题，或者针对相应的方面对研究进行描述。而一般性摘要则没有类似条目的要求和说明，研究人员只需要向期刊提供一段在字数约束内的内容提要即可。

2.2.1 结构性摘要

结构性摘要，又称为 Structured Abstract，此处我们主要介绍两个管理科学领域较大出版社（期刊）要求的结构性摘要模板的例子。第一个是以人文社科类研究为主的 Emerald 出版社，其旗下所有的期刊发表的论文都需要按照以下结构来提交摘要：

- Purpose（mandatory）：研究目的、研究问题（必须）
- Design/methodology/approach（mandatory）：实验设计、研究方法（必须）
- Findings（mandatory）：研究发现（必须）
- Research limitations/implications（if applicable）：研究局限性、启示（选填）
- Practical implications（if applicable）：实践启示或意义（选填）
- Social implications（if applicable）：社会启示（选填）
- Originality/value（mandatory）：研究原创性、价值（必须）

第二个要求结构性摘要的例子是管理科学领域权威期刊 *M&SOM*（*Manufacturing & Service Operations Management*）：

- Problem definition：what is your research problem?
  研究问题：你的研究问题是什么？
- Academic/practical relevance：how is yours research problem relevant to the OM research/practice community?
  学术、现实相关性：你的研究问题是如何与管理科学领域研究或实践相结合的？
- Methodology：what is the underlying research method?
  研究方法：你的研究使用了什么方法？
- Results：what are your key findings?
  研究结果：你主要的研究结果是什么？
- Managerial implications：how can academics/managers/decision makers benefit from your study?
  管理启示：学者、管理者或决策者可以从你的研究中获得什么？

综合上述两个结构性摘要模板，可以发现其条目都有较好的对应关系，因此结构性摘要更像是期刊在告知研究人员摘要所必需的内容，并帮助其更好的总结论文内容和贡献。根据结构性摘要这一特点，我们可以相应的总结一般性摘要撰写时所需要包含的内容。

2.2.2　一般性摘要

除了部分期刊（出版社）要求作者提交结构性摘要之外，大部分学术期刊要求作者提交一般性摘要，即以一段话的形式对整篇论文进行总结。虽然没有做出强制的内容要求，但我们仍然可以参考结构性摘要的撰写条目，总结一般性摘要中应当包含的五个部分的内容：研究背景与动机、问题陈述、研究方法、研究结果、结论与启示。接下来分别介绍每一部分内容的含义，并举例说明。

内容 1： 研究背景与动机，告知读者论文的现实重要性和研究动机。此部分的描述需要考虑摘要的篇幅限制，在摘要篇幅允许的情况下可以进行着重描述，突出现实意义。但如果篇幅不允许，比如一些期刊要求摘要不超过100个单词，此时则可以不交代研究背景与动机，直接进行问题的陈述。

内容2：问题陈述，以简短的语言对研究问题进行概括性描述，这是摘要中必须包含的部分。如果论文的贡献在于研究了一个新的问题或新的场景，可以对研究问题进行着重描述。

内容3：研究方法，向读者交代研究所采取的方法论。此部分的描述同样需要考虑摘要的篇幅限制，在篇幅允许的情况下，可以与问题陈述整合在一起进行叙述，例如：本文采取了什么方法，对什么问题进行研究。如果论文的创新点在于研究方法，那么可以进行更加细致的描述，突出研究在方法上的贡献。

内容4：研究结果，直观的展示利用上述研究方法针对上述问题进行研究后的直接结果。

内容5：结论与启示，此部分是回答“So what”的问题，研究结果到底有什么用，在学术理论上有什么创新，能够给予实践什么指导，或者管理人员应该怎么理解和使用这些结论。

当研究有多个结果和启示时，要求研究者能够做到有所取舍，不要一味地堆砌，而是根据其重要性分出主次，抓住研究的本质，在摘要当中仅展示一到两个最重要的结果和启示，让读者可以更加聚焦于这些最重要的结论。

我们以 Yu et. al.（2015）的一般性摘要为例，对其摘要内容进行划分，并进行相应的分析。

原文：

① Class-based storage is widely studied in the literature and applied in practice. It divides all stored items into a number of classes according to their turnover. A class of items with higher turnover is allocated to a region closer to the warehouse depot. In the literature, it has been shown that the use of more storage classes leads to a shorter travel time for storing and retrieving items. A basic assumption in this literature is that the required storage space for all items equals their average inventory level, which is valid only if an infinite number of items can be stored in each storage region.

② This study revisits class-based storage by considering each storage space to contain only a finite number of items.

③ We develop a travel time model and an algorithm that can be used for determining the optimal number and boundaries of storage classes in warehouses.

④ Different from the conventional research, our findings illustrate that commonly a small number of classes is optimal. In addition, we find the travel time is fairly insensitive to the number of storage classes in a wide range around the optimum.

⑤ This suggests that a manager can select a near-optimal number of storage classes in an easy way and need not be worried about the impact of storage-class reconfigurations.

译文：

① 分类存储在文献中得到了大量的研究，并在实践中得到了广泛应用。它根据仓库周转率将所有存储空间分为多个类别，即周转率较高的货物被分配到靠近仓库出口的区域。文献表明，使用更多的存储类别会带来更短的存取货物时间。此类文献的一个基本假设是，所有物品所需的存储空间等于它们的平均库存水平，但这仅在每个存储区域中的货物种类数量趋于无穷大时才成立。

> ② 本文通过考虑每个存储空间仅包含有限数量的货物来重新审视分类存储问题。
>
> ③ 我们开发了一个行程时间模型和一种可用于确定仓库中存储类别的最佳数量及其边界的算法。
>
> ④ 不同于前人的研究，我们发现通常将货物分成少数几类就能达到系统最优。此外，我们发现行程时间对最佳类别数附近的较大范围的存储类别数量并不敏感。
>
> ⑤ 这表明管理员可以较为自由地选择最优值附近的分类数量，从而不必担心分类错误带来的影响。

解读：① 此处交代论文的研究背景和动机。由于该文是针对已有文献当中的研究问题进行的延伸，并且论文得到了与传统文献广泛认可的结论不同的结果，因此论文作者在摘要部分详细介绍了论文的研究背景和现有文献的结论，以及导致现有结论的假设，引出本文的研究问题，点明其是对这一与现实情况不相符的假设的修正，突出论文的意义和动机，并通过现有文献结论与本文结论形成反差，突出研究的重要性。

② 此处与前面研究背景与动机相衔接，作者提出了对现有文献假设进行修正的研究问题。

③ 此处点出论文使用的研究方法，采用的是用于研究分类存储和行程时间的模型。

④ 和⑤分别交代了论文的研究结果和启示。本文得到了一个与传统文献结论相反的结果，即并不是分类越多越好，反而最优的分类数是一个较小的数字，并且在一个较大范围内的分类数量都可以接近最优。因此，这个结果给管理人员的启示是，可以较为宽松地选择一个分类数量，这不会对系统效率产生太大影响。这是论文最重要也是贡献最大的结论与启示，因此作者只展示了这一个结论，

使读者更加聚焦并且更快了解该论文的贡献所在。

2.2.3　摘要的撰写与关键词的选择

在了解了论文摘要需要展示的内容后，我们进一步介绍摘要的具体写作过程以及注意事项。

第一步，研究人员需要对论文内容进行详细的总结，不需要考虑篇幅的约束，可以写大约 300 个单词甚至更长，要求包含上述总结的所有要点内容，或者直接参考结构性摘要的条目进行写作。这一阶段的内容语言可以不精炼，但要求保持论文内容总体的完整性，方便进一步根据目标期刊的要求进行删改，避免遗漏。

第二步，根据论文整体结构（章节大标题）对摘要进行修改，这样可以保证摘要叙述逻辑与论文保持一致，保证摘要和正文成同一体系，提升论文的可读性。

第三步，根据目标期刊的要求和字数限制对摘要进行删改或整合，不同期刊对摘要有不同的字数或格式要求，可能要求 100 词、150 词或 200 词以内的摘要。此时要求作者能够合理分配各部分内容的篇幅长度，并且对论文结论和启示有合理的选择。

在摘要撰写的语言技巧方面，本书给出以下几点建议。

首先，在语句时态上，我们更建议使用主动语态进行描述，如"本文做了什么"的表达，例如"This paper studies …""This research finds…"等类似表达。如果是更加主观的表达，可以使用"我们做了什么"，即"We develop…"，但此处建议作者要避免使用第一人称单数（"I"）作为主语，包括是独立作者的论文。

其次，在写作过程中尽量结合关键词和领域内公认的专有名词进行书写，这样其他学者在检索这些关键词相关的文献时，论文被检索到的可能性会更大。

最后，也是最重要的一点，反复阅读和修改，或者找其他合作者进行修改。这是十分必要的，确保完整且正确地表达出了论文的问题和贡献。如果要获得更加专业的修改，研究者也可以寻找专业的语言润色机构或人员的帮助进行修改。

在完成摘要的撰写后，作者需要选定论文的关键词，来帮助读者索引和查找论文。一般情况下，期刊会要求3～8个关键词，可以包含研究领域、研究对象、研究方法、研究场景、研究特征等方面。

2.3 本章小结

标题、摘要和关键词作为读者检索和筛选论文的工具，需要能够以简洁的语言突出论文的核心贡献，彰显论文的特色并激发读者的阅读兴趣。好的标题、摘要和关键词能够帮助感兴趣的读者更快地找到论文，获得更多的学术交流机会。本章总结介绍了四种标题的撰写范式，以及三种使用副标题的情况，并结合大量顶尖期刊论文的标题进行具体分析。同时针对摘要和关键词的撰写，本章还总结分析了结构性摘要和一般性摘要的特点和写作范式，并介绍了关键词的选定方式。

2.4 思考与讨论

1. 简述论文标题、摘要和关键词的作用和特点。
2. 简述管理科学学术论文的命名规则及其标题的写作范式。
3. 如何为一篇论文选取合适的关键词，有哪些思路和方法？
4. 简述一篇好的管理科学论文的摘要需要涵盖的内容。
5. 摘要的写作方法有哪些？

第 3 章

引言的撰写

引言（Introduction）又称前言、绪言或绪论，在论文结构编排中位于摘要、关键词之后，文献综述之前（有时也会将文献综述包括在内，置于主体模型之前），主要用于提出研究问题、提炼研究内容、交代研究思路以及规划全文的具体安排。作为正文的第一部分，引言是一篇论文给读者的第一印象，对全文起着提纲挈领的作用。一篇好的引言可以通过简短的篇幅向读者说明该研究的来龙去脉，帮助读者厘清研究思路、明确研究意义，激起读者继续阅读的兴趣。

为了提高引言的撰写效率与效果，本章首先介绍了管理科学论文引言的特点，将管理科学论义引言的逻辑结构归纳为“引言六部曲”。然后，针对引言的各个组成部分深入剖析其写作方法、注意事项，通过对管理科学领域部分优秀论文的引言部分进行梳理，总结不同的引言写作范式，并有针对性地结合实例分析其可供借鉴之处。以期帮助读者避开引言撰写雷区，为读者提供一个管理科学论文的引言撰写参考。为了达到更好的效果，建议读者在学习本章内容时同步阅读本书参考文献中的论文，本书实例均选自这些文献。

3.1 管理科学论文引言的特点

管理科学研究是通过理论模型的构建和求解来发现、辨识、解决和总结管理实践中的各种现实问题的过程。为了在引言中清晰地表述该过程，管理科学论文的引言逐渐形成了其独特的写作范式和侧重点。与数理科学、化学和医学等自然科学研究的引言不同，管理科学研究的引言更侧重于以“讲故事”的方式来凸显本研究的研究意义和管理学启示。

具体来说，管理科学研究具有以下特点：从形式上看，管理科学论文的引言一般采用议论文的方式，通过结合经验事实和已有研究，对自身研究内容、创新性及重要性等方面进行论证。从内容上看，管理科学论文的引言主要应该回答以下五个问题：①为什么（Why），即开展此项研究的动机是什么，该问题为什么重要；②是什么（What），即本文要解决的具体管理科学问题是什么；③怎么做（How），即本文采用什么样的方法来解决该问题；④有什么作用（So what），即本文的研究结果是什么，对应的管理启示是什么，能起到什么样的作用；⑤全文的结构（Structure），即本文的整体行文脉络是怎么样的。最后，从作用上看，管理科学论文的引言是对一篇论文创新性及价值的论证，其核心是论证该研究的意义和重要性并给出可以应用于实践的管理学启示。

3.2 管理科学论文引言的结构

管理科学论文的引言部分应按一定的逻辑结构进行书写。这种逻辑结构一般可以根据内容描述为“引言六部曲”，也即背景介绍、问题描述、研究方法、研究结论、管理启示和全文结构。引言的常用逻辑结构及每个部分回答的问题如图3.1所示。

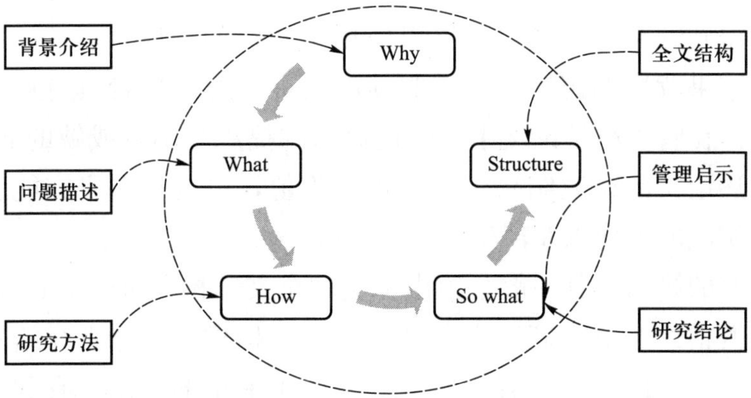

图3.1 “引言六部曲”及对应问题

引言的第一部分通过背景介绍，主要回答Why的问题，即本文的研究动机是什么。背景介绍部分需要给出研究领域的现实背景及其重要性所在，企业实际使用的案例与经济统计数据等均为有利证据，为研究问题的提出做铺垫。具有普适性的现实背景的陈述能够帮助读者回忆熟知的经历和知识，引发读者的共鸣，进而达到强化研究动机的目的。

引言的第二部分主要回答What的问题，即本文探讨和研究的问题是什么。一般情况下任何事物都具有两面性，管理科学中遇到的问题大多是权衡某事物的利弊两方面（tradeoff），以发挥其最大价值。在第一部分的背景介绍中，往往会介绍该问题的优势和劣势，从而引导归纳提出新问题，声明本文关注的核心研究问题是什么。

引言的第三部分主要回答How的问题，介绍本文是通过什么样的研究方法对上述研究问题进行解决的。提出研究问题后，很自然地会考虑如何有效解决这些问题，此部分对本文所采用的研究方法给出简要介绍（是什么以及为什么采用它）。

引言的第四部分和第五部分结合起来，主要回答So what的问题。第四部分研究结论，是在明确了当前论文的研究问题和研究方法后，紧接着给出本研究的发现和结论，也就是对利用研究方法对研究问题进行分析得到的直接结果的简要总结。进一步地，第五部分针对得到的结论升华得到可以应用于实践的管理学启示，通过挖掘数理结果背后的逻辑关系与驱动因素提炼对管理者具有启发作用的建议。在管理科学论文中，管理启示的提炼是不可或缺的一部分，用于阐述论文的研究结果带来的现实价值，也就是本研究能够应用于管理实践的方向以及产生的现实效益。

引言的第六部分一般会给出本文的全文结构（Structure），需要以高度概括性的语言阐述本文余下部分的构成，即分别介绍本文接下来每一章节的主要内容。此部分类似于书籍的目录，有利于读者厘清本文的研究和行文思路，有针对性地阅读论文的各个部分。

“引言六部曲”的六个部分紧密联系、相辅相成，以相对简短的篇幅给出一项研究的来龙去脉，可以为管理科学论文的引言写作提供参考。在本章 3.3 节中，我们将给出各个部分的具体写作方法及示例。

3.3 管理科学论文引言的写作方法

3.3.1 背景介绍

背景介绍部分主要介绍本文的研究动机是什么，回答 Why 的问题。

(1) 写作方法。

背景的介绍需要遵循由宽到窄、由浅入深和由一般到具体的原则，即背景涉及的范围应由宽到窄，涉及的内容应由浅入深，涉及的对象应由一般到具体。例如，针对电子商务平台上的零售商定价问题的研究，引言中的背景部分可以先介绍信息技术的飞速发展，然后介绍电子商务平台的出现及平台的特点，最终引向自己的研究主题，说明对零售商来说平台上的产品定价问题的特殊性和重要性。具体地，对管理科学学术论文来说，可以总结为背景介绍的“倒金字塔原则”（如图 3.2 所示），首先介绍研究所涉及的经济、社会背景，然后介绍特定的领域背景，最后介绍具体问题的背景和相关驱动因素。

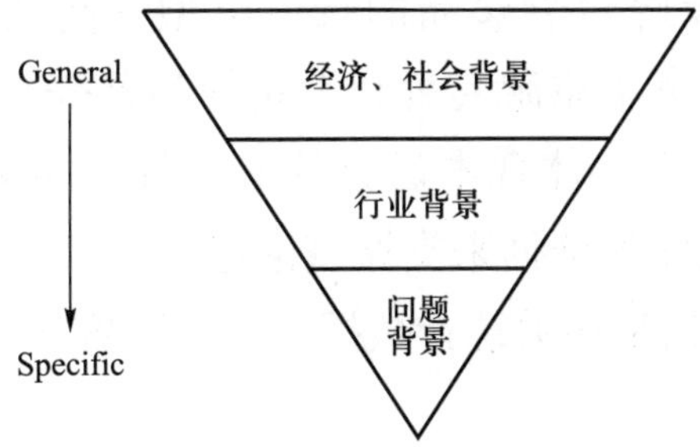

图 3.2　引言中背景介绍的倒金字塔原则

背景部分采用“倒金字塔原则”将研究问题涉及的经济、社会背景和领域背景进行清晰描述的同时，要辅以具体行业实例重点突出目前理论研究存在的遗缺以及本研究问题的重要性，为研究问题的提出做好铺垫。另外，在写作过程中，要注意控制背景介绍的篇幅，快速进入研究主题。冗余的研究背景不仅不利于研究主题的引出，而且容易导致读者抓不住研究的重点。

（2）写作范式及举例。

背景介绍部分可以根据背景阐述的具体方式划分为以下四种范式。

范式 1： 通过典型企业的举例，说明研究主题的普遍性。

例： Arifoğlu et al.（2020，pp. 1016）

> Luxury retailers—such as Barneys New York，Farfetch，Saks Fifth Avenue，Neiman Marcus，and Nordstrom—frequently offer price markdowns on seasonal luxury products，e.g.，high-fashion apparel，shoes，handbags，accessories such as scarves，and tickets for luxury tours and cruises（Kopun 2016，Berezhna 2017，Wolfson and Wong 2017）.

解析：该文研究的是对奢侈品来说是否应该在新品推出一段时间后进行降价，以获得更高的产品销量和利润。此例是该论文引言开篇的第一句，以概括性的语言勾勒出了奢侈品行业存在的降价情况。通过列举多个知名的奢侈品零售商（Barneys New York 和 Farfetch 等）以及涉及降价奢侈品的行业类型（高档服装、鞋子、包、围巾等配饰，以及豪华旅游套餐和游轮的门票等），来说明奢侈品降价在市场中的普遍性，体现本研究的必要性和重要性。最后，通过引用三篇参考文献作为证据来支撑该论述。

范式 2：通过列举相关统计数据，突出研究主题发展趋势及其影响力。

例：Ho et al.（2017，pp. 250）

The rise of the Internet and the surging popularity of online shopping have offered rapid growth in e-commerce and garnished e-businesses' interest in adopting various digital marketing strategies… Table 1 shows the breakdown of affiliate type among the top 20 sales generating websites in the United Kingdom from 2006 to 2012（Swan 2011）. The statistics highlight a dynamic shift in digital marketing practice, moving from ordinary methods such as pay-per-click（PPC）to the novel cash-back model.

Table 1. Breakdown of Affiliate Models Among the Top 20 Sales-Generating Websites

Affiliate method	2006	2007	2008	2009	2010	2011	2012
PPC	13	14	9	7	5	2	3
Coupon code	0	0	3	3	3	5	3
Cash back	2	2	2	4	5	6	7
Content/others	5	4	6	6	7	7	6

> Websites built simply on the cash-back concept, such as Ebates.com and MrRebates.com, are extremely successful. Ebates, the leading cash-back site in the United States, with 12 million registered users, has reimbursed over $250 million to its members since 1998. In 2011 it brokered $900 million in merchandise sales for its 1,800 partnered merchants. Its revenue growth has trended 50% higher for the second year in a row since 2010 (Hoge 2011).

解析：该论文研究的现金返还（返现，Cash back）网站的存在如何影响零售商的最优定价方案。此例展示的是该文引言的开篇和列举数据体现研究主题的重要性的部分。论文首先给出了研究的社会背景，即互联网的兴起和在线购物的迅猛发展带来了电子商务的快速增长。然后引出行业背景，即各种数字营销策略的兴起，运用精练的语言快速交代了社会和行业发展的现状。进一步，为了引入研究主题，论文以表格的方式给出 2006—2012 年英国排名前 20 位的促销网站采用的促销模式的统计数据。随着时间推移，采用返现模式的网站数量由 2 个增长为 7 个，而其他模式则呈现下降或不变的趋势，对比来看可以清楚地体现返现网站在电子商务零售市场中的兴起。最后，为了具体说明返现网站的影响力，论文给出两个返现网站（Ebates.com 和 MrRebates.com）的注册会员数、返还金额、服务商家数量、促成的商品销售额以及网站收入增长百分比等数据，从多个方面体现返现网站的影响力之大，进而凸显本研究主题的重要性。

范式 3： 通过图形展示，帮助读者理解论文主题的实际含义

例： Guo et al.（2021，pp. 2273）

Specifically，by adopting a bundling strategy，a platform provides a bundled product that consists of component products that are also sold separately on the same platform. Clearly，such a strategy is viable when there are consumers interested in both component products. For instance，Amazon provides not only individual Kindle e-books but also bundles of e-books on the platform. At Booking.com，consumers can either book flight tickets and hotel rooms separately or purchase a package that consists of both products（see Figure 1 for a webpage of Booking.com）.

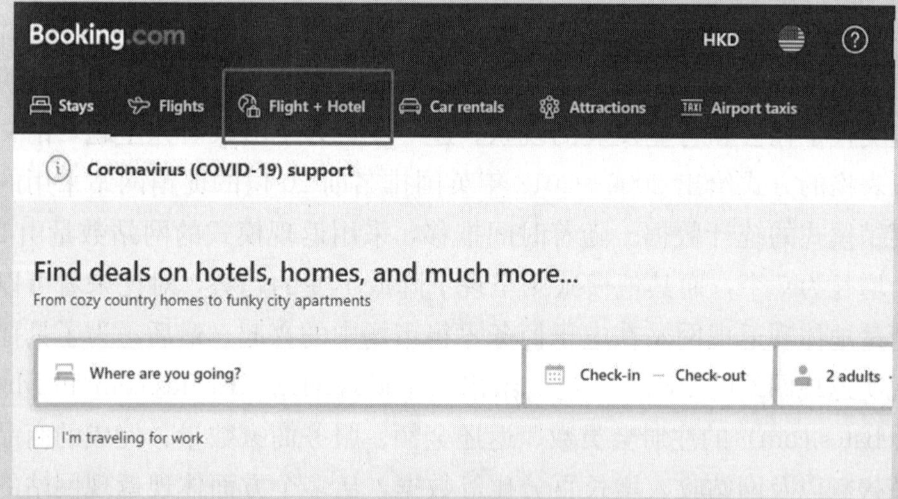

解析： 该论文研究的是在线零售平台的捆绑销售策略。此例展示的是引入研究主题捆绑策略后，对捆绑策略进行具体解释的部分，通过列举两个耳熟能详的在线零售平台的例子来进行具体说明。其中，针对第二个例子 Booking.com，采用图片的方式给出其提供捆绑销售的界面，并使用方框重点标注，能够帮助读者回顾相关经历，

加深其对捆绑策略的认识和理解。

例： Guo et al.（2014，pp. 104）

Regarding the experience of purchasing hotel rooms from these two OTAs, an interesting issue is raised: in order to attract new customers and maintain loyal customers, the OTAs provide cash back to the travelers who will make reservations from the given website. A cash back example from eLong, Inc. is shown in Fig. 1, indicating that the cash back value reaches 10% of the average daily room rate（CNY100/（HK $1262 * 0.795CNY/HK$））.

Fig. 1　An example of cash back from elong, Inc.

解析： 该论文对在线旅行社（OTAs）为吸引顾客而在特定网站提供预订酒店的返现策略进行研究，通过艺龙网站上某酒店含返现标志的网页截图进行举例介绍。由于该网站是中文网站，因此对关键信息用英文进行了标注。最后，通过该图总结得到，返现的比例达到了标价的10%，体现返现在管理中的重要性。

范式 4：通过引用他人的话，引入研究主题或体现研究主题的重要性

例：Ning（2021，pp. 366）

> In many sales contexts, the final pricing agreement has two components: a list price and a discount…
>
> Articles from management consulting firms suggest that this is a common B2B practice. In an article by Boston Consulting Group, Schurmann et al. (2015) state that "[i]n most B2B industries, discounts represent a company's largest marketing investment, often amount to 30% or more of list-price sales." A Mckinsey article on B2B pricing suggests that firms should focus on transaction pricing, which is "for each transaction—starting with the list price and determining which discounts… should be applied" (Marn et al. 2003). Price water house Coopers states that "discounting off of the 'list' price of as much as 100% is common" in the software industry (PwC Technology Institute 2013). L.E.K. Consulting states that "[d] iscounts are a universal feature of any buying process" (Pierre and Ossmann 2017), with similar statements found in a Bain article (Mewborn et al. 2014).

解析：该论文研究的是在"标价-折扣"的定价机制下，标价发挥的作用以及卖方制定标价和折扣的最佳策略。此例给出论文引言的开篇，及如何引用多篇文献说明"标价-折扣"的定价机制在 B2B 商业模式的实践中经常出现。开篇以很简短的语言引入"标价-折扣"的定价机制，然后通过引用管理咨询公司在以往论文或报告中给出的介绍性语句，即"在大多数 B2B 行业中，折扣是公司最大的营销投资，通常占标价销售的 30%或更多""对于从定价开始，然后确定折扣的交易……应当被采用""折价高达 100%的标价是很普遍

的”以及“折扣是任何购买过程的普遍特征”，说明“标价-折扣”定价模式的普遍性，凸显本研究的重要性和价值。

3.3.2 提出科学问题

在全文的背景介绍完成后，将顺理成章地提出本文关注的科学问题，回答 What 的问题。

（1）写作方法。

根据研究问题及上下文环境的不同，作者可以采用不同的方式提出科学问题，包括以“In this paper, we investigate …”“Motivated by…, we are interested in answering the following questions.”等方式直接给出研究问题，或者以“However”等表示转折的连接词开始，通过强调文中的 tradeoff 介绍本研究重点关注的内容，由背景部分描述的美好现象，转而介绍现实中存在的不足，并给出针对性的研究问题。

这一部分应明确地交代本文研究的科学问题是什么，研究问题的表述要做到具体和有针对性。研究问题不明确，会使读者对论文的研究目的感到迷茫，进而无法理解论文后续的研究内容。同时，研究问题的陈述应避免繁复，采用精练简洁的语句直截了当地告知读者当前论文关注的是哪个或哪些问题。最后，归纳的研究问题的数量不宜超过 5 个。

（2）写作范式及举例。

问题提出部分可以根据阐明问题的逻辑划分为以下三种常用范式。

范式 1： 平铺直叙地给出研究问题

例： Chun et al.（2020，pp. 258）

> This discussion prompts several natural research questions. How should a firm's manager adjust the value of loyalty points, in view of the liabilities they create? And how is this operational

> decision impacted by important considerations, such as taxation or earnings smoothing incentives, cost of capital, shocks or volatility in the operating performance, or consumers' perception of the value of the firm's loyalty points? To the best of our knowledge, despite the practical importance of the questions—as recognized by a wide range of industry white papers (see, e.g., Oracle 2008, SAS 2012, Ernst & Young 2014)—little or no academic work has been done on the topic.

解析：该论文研究的是顾客忠诚度计划下积分价值的设置问题。引言部分首先介绍了顾客忠诚度计划的兴起，然后介绍以积分为基础的顾客忠诚度计划的特点及其对企业盈利能力的影响。进而基于这些背景的介绍和讨论，给出本文的两个研究问题。最后，指明尽管这些问题具有实际重要性，但却很少受到学术研究的关注，以此来说明本文对这些问题的研究很有必要。

范式 2：基于背景部分归纳的遗留问题或梳理已有研究的不足，引出研究问题

例：Ho et al.（2017，pp. 251）

> 1.1. Questions and Findings
>
> Motivated by the lack of a theoretical examination of the novel cash-back model, we are interested in answering the following questions:
>
> • How does the presence of the cash-back affiliate impact the optimal pricing scheme?
>
> • Should an online merchant adopt a single-homing or a multi-homing strategy when making affiliate decisions?
>
> • What types of merchants are more attracted to utilizing the cash-back model in a competitive setting?

解析：该论文在引言中单独设立了一个小节来阐述本文的研究问题与发现，其中归纳了三个研究问题并统一以问句的形式逐一给出，三个问题从研究深度上来看是层层递进的。这里问题的引出是建立在前文部分文献基础上的，点明以往文献缺乏对返现促销模式的理论检验，进而给出针对返现模式的具体研究问题，凸显本研究的理论贡献。

例：Arifoğlu et al.（2020，pp. 1017）

> As a result，luxury retailers face complex tradeoffs while deciding on markdowns and their extent. On the one hand，they can use markdowns to increase sales（sales effect）. On the other hand，markdowns encourage consumers to wait for lower prices（strategic effect）and decrease the exclusivity and consumers' willingness to pay（snob effect）. Hence，it is unclear whether luxury retailers should adopt markdown pricing. In this paper，we aim to clarify this and address the following research questions. When should a luxury retailer adopt markdowns? What is the role of exclusivity-seeking consumer behavior on a luxury retailer's markdown strategy? What is the impact of strategic consumer behavior when selling to exclusivity seeking consumers?

解析：此例在该论文中独立成段，首先详细介绍了奢侈品零售商决策是否降价以及降价幅度时面临的复杂权衡，分别从正面和反面说明降价给消费者购买行为带来的影响，引发读者思考。进而为了阐明这种复杂的情形，为奢侈品零售商的决策提供参考，给出本文的研究问题。这里三个研究问题的介绍也是采用层层递进的方式。

范式 3：采用转折的方式，由背景转向研究问题陈述

例：Ma et al.（2021，pp. 2292-2293）

Revenue-centric decisions tend to be myopic and maximize the sales volumes of the most popular items，whereas inventory-centric decisions tend to be conservative and charge higher prices or prioritize selling highly stocked items. Intuitively，the optimal control policy would make revenue-centric decisions when the overall remaining inventory is plentiful for the remaining time horizon，and inventory-centric decisions when the overall remaining inventory is scarce relative to the remaining time horizon.

However，not all companies have the infrastructure to query the state of the inventory in real time or adjust their decisions instantaneously. In fact，in the case of our partner CPG company，prices must be negotiated with the brick-and-mortar retailers that sell their products. As a result，a price calendar for the year is planned in advance. On the one hand，this allows the CPG company's management to estimate its promotional budget，make production plans，and coordinate logistics；on the other hand，this allows the retailer to make advertisements，estimate marketing budgets，and lay out shelf space and price labels accordingly.

Motivated by this problem，we analyze the performance of static policies，which must plan out all of the firm's decisions (in this case，the price for each week) at the start of the time horizon (in this case，one year)，in revenue management problems that are intrinsically dynamic，where the optimal control would adapt based on the inventory that remains for the time horizon…

解析：该论文对企业实际运营中的一个实践问题，即相对于动态定价，企业更倾向于采用静态价格日历的定价方法（在某个时间段开始之前就制定好该时间段内各个子时期的定价顺序）进行研究。本例的第一段给出一般性的分析，指出对企业来说当库存容量充足时，一般采用基于收益的定价方式，而当库存容量有限时，基于库存量的定价方式才是较优的选择。第二段，以“However”开头，由一般性的选择原则转向企业实践，即并非所有企业都具有实时查询库存状态或即时调整定价决策的基础设施，并以其合作的快销品公司为例，进行具体的说明。最后，以“Motivated by this problem”开始，转向本文研究问题的介绍。与前几例不同的是，这里采用陈述句的方式来介绍研究问题，简洁凝练地表明了本文关注的核心问题，且对该问题进行了一些归纳和分析。

3.3.3 研究方法

研究方法部分给出针对研究问题的解决方法的简要介绍，回答How的问题。

(1) 写作方法。

引言中的研究方法部分可以尝试用“Consequently”或“Therefore”等表示因果关系的连接词开始，给出本文采用研究方法的简介以及选用该方法的原因。

需要注意的是，这里只需要介绍清楚方法的大致思路，概述性地点到为止即可，细节部分留待正文模型构建与分析部分进行具体介绍。如果陈述过多细节性的内容容易导致逻辑混乱，迷失论文内容阐述的方向，不同内容之间衔接度被削弱，且干扰信息过多会导致读者难以抓住研究的重点。

(2) 写作范式及举例。

针对以数理建模分析为主的管理科学研究论文，研究方法部分的写作范式比较一致，下面给出几个例子进行具体的说明。

例：Arifoğlu et al.（2020，pp. 1017）

> We develop a game-theoretic model with a profit maximizing retailer selling a seasonal product over two periods to strategic consumers，who value both functionality and exclusivity of the product. We assume that consumers have heterogeneous（high and low）functional valuations. We model all consumers as snobs and assume that they have the same sensitivity to consumption or desire for uniqueness（exclusivity）. Motivated by seasonal conspicuous products whose consumption starts immediately after their purchase（e.g.，high fashion apparel，luxury handbags），we assume that snobs are sensitive only to the cumulative consumption at the time of their purchase and perceive more social value from adopting the product early to consume it with fewer people. In our model，the retailer determines the order quantity and price in the first period. Then，observing the first period price and forming rational expectations about price and product availability in the second period，consumers decide whether to purchase in the first period or to wait for the second period. In the second period，the retailer determines the price，and then consumers who waited decide whether to purchase or not.

解析：该论文在研究问题介绍完之后，紧接着给出本文的研究方法介绍。首先第一句对全文的模型设定进行总结，指明本文采用博弈论的模型，模型的目标是最大化零售商的利润，模型刻画的具体决策是面对策略型消费者时季节性产品（论文中指奢侈品）的两阶段定价。然后，说明每个阶段的零售商和消费者的决策过程，并给出一些基本的假设。整体看来，这里关于模型的介绍清晰明了且逻辑严密。

例： Ho et al.（2017，pp. 251－252）

> To address these questions，we develop a game-theoretical model and start our analyses by considering a market consisting of one merchant，one cash-back site，and consumers heterogeneous in their valuation of a product. Our results show that…
>
> After having a clear understanding of the cash-back mechanism，we develop two extensions to seek explanations behind various industry practices. In the first extension，we incorporate consumer choice between two competing sites into the basic model. Understanding the impact of affiliate competition on the underlying mechanism is of much significance，as its presence reallocates the relative market power among affiliate members. Our results show that…
>
> To examine the strategic role of cash back in the presence of merchant competition，we finally consider another extension in which two asymmetric merchants can flexibly choose whether to adopt cash-back pricing. The objective here is to see what type of merchants are more attracted to the cash-back model. We find that…

解析： 该论文首先以较为简短的语言介绍了本文的主要研究方法和对应的问题设定，紧接着进行研究结果的介绍。然后，概述该论文对主要模型的两个拓展研究，在介绍其目的后给出相应的研究结果。这里研究方法的介绍侧重于从问题设定的角度进行，而没有涉及具体的模型建立过程。

例： Guo et al.（2021，pp. 2274）

> To address the above questions, we develop a game-theoretic model consisting of two independent suppliers selling products through a retail platform. The model concerns two products with different marginal costs. As a benchmark, we first analyze the situation in which the platform does not have a bundling option (e.g., the platform lacks the technology or capability to manage bundled products). Subsequently, we investigate the case when the retail platform has a bundling option, which means that it can choose to offer the bundled product, depending on the suppliers' product prices. The main findings from this study can be summarized as follows.

解析： 该论文在提出研究问题后用一个独立的段落来介绍研究方法。首先说明本文采用的是博弈论的模型，以及博弈模型的基本设定。然后，用"As a benchmark, we first…"的句型介绍论文的基准模型，以"Subsequently"衔接本文的主模型。模型简介完以后，本例的最后一句话为下文介绍研究结果做铺垫。

3.3.4 研究结论

此处研究结论一般指通过研究方法得到的主要数理结果，该结果是对研究问题给出的直接回答。这一部分是对模型的直接结果的介绍，以其为基础可以总结归纳出本研究的管理学启示，即后面介绍的第五部分。本部分是得到管理启示的基础，两部分共同回答 So what 的问题。

（1）写作方法。

引言部分涉及的对研究结论的介绍，不是简单地罗列所有结果，而应该结合前文提出的科学问题展示论文中最重要的几个结论并对其进行简要的说明，展示的结论不宜过多。在对研究结论进行阐述时，可以直接阐述、通过数值阐述以体现研究的理论价值、通过与已有研究对比体现结果的有效性或者通过对比说明反直觉的结论等，但需要注意与前文所提出的科学问题的呼应关系，做到有问必有答。

这一部分可以尝试以"Our results/We find"等开始，针对前文所提出的研究问题给出明确的回答；用"Interestingly""Counterintuitively"等词汇凸显某些有意思或者反直觉的结论。对多个结论的阐述需要有一定的逻辑顺序，比如可以与之前所提出的研究问题顺序对应或者按照结论的重要程度进行叙述。如果本研究有拓展内容，也需要在本部分进行描述，以体现研究的完备性。需要注意的是，在描述研究结论时，不可以直接复制正文中对结论的描述，而应该重新归纳总结，否则会影响引言部分的逻辑与衔接，影响论证效果。

（2）写作范式及举例。

引言中对论文研究结论的写作方式一般为对需要介绍的主要结论按照一定的逻辑顺序进行阐述，并对其进行一定的解释。下面我们通过几个实例进行具体的说明。

例： Arifoğlu et al.（2020，pp. 1017）

> In contrast to some experts who believe that luxury is about exclusivity，and hence that luxury retailers should not adopt markdowns（Kapferer 2015，Reagan 2015，Ang 2016），we find that luxury retailers should mark down，and it is actually consumers' desire for exclusivity that forces them to do so. … Moreover，counter to intuition，our analysis suggests that consumers' higher desire for exclusivity can motivate the retailer to decrease the exclusivity when the proportion of consumers with high valuation is intermediate（neither very high nor very low）. … Further，we find that the negative impact of strategic consumer behavior on the retailer's profit becomes lower as consumers become more exclusivity seeking. …

解析： 该论文在对研究问题和研究方法介绍完毕后，用一段的内容对研究结论进行了阐述。这部分第一句以“In contrast to”开头，首先介绍了一个与已有研究结论相反并且比较重要的结论，一些已有结论认为，由于奢侈品具有排他性，因此奢侈品零售商不应该采取降价策略，而本研究得到的结论恰恰相反，即正是消费者对排他性的追求促使零售商应该对奢侈品采取降价策略（In contrast to some experts who believe that luxury is about exclusivity, and hence that luxury retailers should not adopt markdowns (Kapferer 2015, Reagan 2015, Ang 2016), we find that luxury retailers should mark down, and it is actually consumers' desire for exclusivity that forces them to do so.）。紧接着利用几句话更详细地对第一句阐述的结论进行了分析和补充说明。接下来，以“Moreover, counter to intuition”开始，介绍了论文中得到的一个反直觉的结论，并在其后对此结论进行了较为详细的说明。最后，使用“Further, we find”给出了论文中重要性相对较弱的一个结论。

例： Su and Zhang（2008，pp. 1760）

> There are three main results in this paper. First, we show that, when consumers are strategic, a centralized supply chain may perform strictly worse than a decentralized supply chain. This is because, …
>
> Next, we propose two alternative benchmarks that serve as performance targets. … We confirm that commitment power increases profits and that each form of commitment is preferred under different situations. …
>
> Finally, we show that these performance targets can indeed be attained. …

解析： 该论文对研究结论的介绍分三段进行。首先，第一段第一句明确说明了本研究有三个主要结论（There are three main results in this paper.），接下来利用First、Next、Finally三个词作为开头，用三段内容分别对三个主要结论进行了阐述。第一段中，首先介绍了一个反直觉的结论，当消费者具有策略性时，集中式供应链绩效会比分散式供应链更差，紧接着用“This is because”引出了出现这种结论的原因。第二段中，作者说明了通过设立两个基准模型，确认了承诺增加了利润以及明确了不同情况下的承诺形式（We confirm that commitment power increases profits and that each form of commitment is preferred under different situations.）。第三段给出了最后一个结果，即作者发现这些预设的绩效目标都是可以达到的。

3.3.5 管理启示

管理启示部分主要介绍基于研究结论得到的可以应用于管理实践的规律和建议，该部分结合研究结论用于回答So what的问题。鉴于研究结论和管理启示的联系，具体写作过程中可以将二者结合起来写，也可以先介绍研究结论，再升华得到管理启示。

（1）写作方法。

管理启示部分需要重点描述研究得到的结果为什么重要，以及能给管理实践带来什么样的启发，也就是突出研究的现实意义。这一部分可以尝试以“The results indicate/suggest that”开始，为管理者提供可用于实践的管理学建议。对于管理启示的描述应针对论文的研究问题展开，要避免使用过于夸大或宽泛的表述。例如，研究电商平台上的零售商定价问题，给出的启示是“本研究对电子商务的发展大有裨益”，这种表述内容过于夸大。

（2）写作范式及举例。

对管理启示的叙述方式可以分为以下两种范式。

范式 1：通过叙述研究结论引出管理启示，与研究结论同时阐述

例：Su and Zhang（2008，pp. 1760）

> Next，we propose two alternative benchmarks that serve as performance targets. We have already seen that profits can be enhanced when firms use the threat of stock-outs to increase consumers' willingness to pay；alternatively，another means to achieve the same end is to guarantee that future prices will remain high. These two strategies（quantity commitment and price commitment，respectively）induce consumers to purchase early at a higher price by maintaining the exclusivity of the product. In our analysis，we solve for the RE equilibrium between the consumers and the newsvendor under price and quantity commitment. We confirm that commitment power increases profits and that each form of commitment is preferred under different situations. These two commitment benchmarks offer a fresh perspective on the design of decentralized supply chains：with strategic customer behavior，instead of striving for centralized outcomes，we should work toward the commitment outcomes.

解析：在该论文中，对管理科学启示的叙述紧接在相应的研究结论之后，我们选取其中一个结论为例。这一段介绍了原论文的第二个主要结论，即通过两个基准模型，作者确认了承诺可以提高利润并且明确了不同情况下采取的承诺形式。接着，作者在后半段给出了相应的管理启示，说明了两种承诺的基准模型为分散式供应链的设计提供了新的视角，当在考虑消费者的策略行为时，应该追求承诺的结果而不是追求集中式供应链下的结果（These two commitment benchmarks offer a fresh perspective on the design of decentralized supply chains：with strategic customer behavior，instead of striving for centralized outcomes, we should work toward the commitment outcomes.)。

范式 2：在研究结论全都介绍完毕之后，直接阐述管理启示

例：Ho et al.（2017, pp. 252）

> This research provides useful managerial implications for e-business owners. For example, when making affiliate decisions, a merchant should adopt a multihoming strategy as the resulting competition will place a downward pressure on the affiliate fees. From a social perspective, the reduction in the affiliate fees, in turn, improves the market efficiency—the merchant reaps a higher margin, and cash-back users enjoy a reduced price. Furthermore, merchants with relatively inferior brand valuation should aggressively exploit the affiliate model to compete for price-oriented consumers. Our findings, consistent with multiple real-world observations, shed light on the economic impact the cash-back model has on merchants' pricing strategies.

解析：该论文在研究结论后利用一段内容对全文的管理启示进行了介绍。该段第一句指出本研究对电子商务所有者提供了有用的管理学启示，明确了本研究的受众。紧接着，用"For example"开始，以进行联盟决策为例，给出了这种情况下商家应该采取什么样的策略。最后，说明了本研究的结论与现实中所观察到的许多现象是一致的，从而凸显了本研究的现实价值。

3.3.6　全文结构

全文结构部分给出全文的 Structure，是对论文行文思路的简要

梳理。

(1) 写作方法。

对论文全文结构的说明可以帮助读者提前了解论文的整体结构以及后续内容。这部分一般单独成段，以“The rest/remainder of this paper is organized as follows.”等句子开始，简要说明接下来每章的主要内容，如果不同章节之间存在一些逻辑关系，在撰写过程中也需要进行说明。

(2) 写作范式及举例。

对全文结构的说明部分的形式比较固定，撰写时对下文的内容进行提炼即可。下面以几个具体的例子加以说明。

例： Ho et al.（2017，pp. 253）

> The rest of this paper is organized as follows. In Section 2, we develop our model by considering a market consisting of a monopolist merchant, a cash-back site, and heterogeneous consumers. The objective of this basic model is to better understand the market force under the cash-back mechanism. Section 3 investigates the impact of affiliate competition on the merchant's affiliate and pricing strategies. Section 4 examines the strategic role of cash back in a competitive setting where merchants are asymmetric in their brand valuation. Concluding remarks are provided in Section 5.

解析： 该论文在引言最后一段给出了论文后续内容的结构。首先以“The rest of this paper is organized”开始，指出了本段内容为对论文全文结构的说明。紧接着对每一章节，用1～2句话对章节内容进行了总结说明。该论文中对每章节的内容描述较为详细，比如，在描述第2章的内容时，说明了此章节建立模型的场景以及目标（In Section 2, we develop our model by considering a market consisting of a monopolist merchant, a cash-back site, and heterogeneous consumers. The objective of this basic model is to better understand the market force under the cash-back mechanism.)。

例：Guo et al.（2021，pp. 2275）

> The rest of the paper is organized as follows. We review the related literature in section 2. Section 3 introduces the model setting, and section 4 analyzes the game between the platform and the suppliers. Subsequently, we study the impact of the bundling option in section 5. Section 6 checks the robustness of the results by considering a scenario where consumer valuations follow uniform distributions. Finally, the paper concludes in section 7. All proofs are given in Appendix A of the online appendix.

解析：该论文引言最后一段以“The rest of the paper is organized as follows.”开始，接下来按章节顺序简略说明了每节的内容，在撰写的过程中没有完全采取一句一节的形式进行阐述，比如对第 3 节和第 4 节的描述利用“and”融合在一句中，内容更加紧凑。同时，在段落中使用了“subsequently”“finally”等词使得本部分更有条理性。

例：Ma et al.（2021，pp. 2296）

> 1.6. Outline
>
> In Section 2.1 we define our basic problems and state the assumptions. In Section 2.2, we discuss some generalizations and their required assumptions. In Sections 2.3-2.5, we introduce randomized policies in stationary demand, nonstationary demand, and nonstationary demand with large inventory, respectively. Then, in Sections 3.1 and 3.2, we introduce general sampling-based derandomization methods and structural derandomization methods, respectively.

> These derandomization methods yield deterministic calendars that (i) have the same theoretical guarantees, (ii) significantly improve computational performance, and (iii) are much easier for companies to accept. Finally, in Sections 4.1 and 4.2, we conduct numerical experiments using real data provided by the CPG company and synthetic data from the literature. We also introduce how we estimate the demands from the data in Section 4.1.

解析：该论文在引言部分的最后利用单独的一小节对全文结构进行了阐述，此类介绍到二级标题的结构并不多见。因为全文结构在此论文中单独成节，所以该段落直接从第一句开始就对下文内容进行了介绍，并且在此例中，作者对后文每一小节的内容进行了介绍，而不是按大章节进行总结介绍。比如，在第 2.1 节中，定义了论文的基础模型，陈述了论文所需的假设（In Section 2.1 we define our basic problems and state the assumptions.）。在第 2.3 – 2.5 节中，分别针对平稳需求、非平稳需求、具有大量库存的非平稳需求介绍了随机策略（In Sections 2.3 – 2.5，we introduce randomized policies in stationary demand，nonstationary demand，and nonstationary demand with large inventory，respectively.）。

3.4 本章小结

作为正文的第一部分，引言以简短的语言勾勒出整篇论文的来龙去脉，在帮助读者厘清研究思路、明晰研究意义，以及引发读者共鸣、吸引读者继续阅读等方面起着至关重要的作用。管理科学论文引言的撰写可以参照“引言六部曲”，从背景介绍、问题描述、研究方法、研究结论、管理启示和全文结构六个方面展开对论文内容的简要介绍，在此过程中要注意以论证的方式、逻辑严密地凸显出论文的研究意义及对管理实践带来的启示。

3.5 思考与讨论

1. 简述论文引言的作用及特点。

2. 思考对比论文引言和摘要的联系与区别。

3. 结合图3.1分析自己阅读过的一篇论文的引言部分，总结其逻辑结构，并分析论文作者的写作意图。

第 4 章

文献综述的撰写

文献综述或称文献回顾（Literature Review），是学术论文中不可或缺的一部分。好的文献综述可以让读者快速准确地抓住论文的创新之处以及研究问题的价值和意义所在。进行文献综述至少有以下三个作用。第一，进行文献综述不仅可以帮助作者避免重复前人的研究，而且能够为研究提供理论依据，避免成为空中楼阁。第二，针对论文所要研究的问题对以前的文献进行总结归纳，可以了解研究问题的现状，找出现有文献的不足或空白之处（方法、忽略的因素、理论与实践不符、新兴的商业模式等），从而突出当前论文的研究问题在理论上的贡献与价值。第三，阅读文献综述可以使读者对领域内的研究形成一个较为整体的把握，从而帮助读者快速补充本研究领域的文献知识。因此，写好文献综述非常重要。

文献综述一个非常重要的作用是从理论上引出自己的研究问题。这一点和引言（Introduction）部分的功能是相同的（有些论文甚至将文献综述直接放在引言部分进行撰写，参见 Desai et al.（2018））。但是需要明确，虽然引言和文献综述都是引出自己的研究问题，但是其实现方式是不同的。引言部分是通过紧密结合问题的现实背景进行阐述，分析商业和管理实践中的痛点或者未解决的现实问题，进而引出论文的研究问题。而文献综述部分是从以往文献的理论背景入手，通过分析他们研究了什么问题以及忽略了什么问题，通过指出研究空白的方式来引出自己的研究问题。我们在写作时要注意加以区分。

虽然文献综述在整篇论文的位置很靠前（一般为第2节或者与引言一起在第1节），但是其撰写建议在完成论文的主体部分后再进行。这样做的好处是，通过论文主体部分的撰写，我们可以对论文的研究内容、结论和贡献有更好、更整体的把握，论文的主要创新点也更加清晰，这有利于在撰写文献综述时的主题选取，便于从正确的方向引出研究问题。相反，如果先撰写文献综述，随着研究的进行，我们可能会发现之前回顾总结的文献与论文贡献关系不大或不利于突出论文的理论贡献，则需要重新查找替换文献，会耗费较多的时间和精力。

本章节将从文献综述的总体结构、如何写好文献综述、撰写文献综述的注意事项以及经典文献案例分析四个部分来分析介绍。

4.1　文献综述的结构

文献综述通常采用“总—分—总”的结构形式。首先总写要回顾哪几个方面的文献，然后分别对这几个方面的文献进行回顾，最后总结自己的研究与现有文献研究的区别（research gap）在哪里以及如何对这些文献没有考虑的空白进行弥补。

文献综述的第一段是对自己论文所要回顾的文献的总结概括，需要遵循准确、干练和经典的原则。首先，“准确”即是对要回顾的文献有一个准确的把握，指出这些文献是在讨论什么主题，或者是考虑了什么重要的因素，这里主题方向的选取将依赖于自己论文的理论贡献。其次，“干练”即是对论文主题有了把握之后，就要在此基础上对主题进行提炼升华。语句不能过于繁杂，要用尽可能简短的语言来概括某个文献的研究主题。第三，“经典”指选用的词句一定要是在文献中常用的和公认的说法或术语。比如“the Bullwhip Effect”“Social learning”“Dynamic pricing”“Crowdfunding”等这些名词是文献中广泛采用的说法，不宜用其他词语替换，否则会给读者造成不专业的印象。这些需要我们在平时阅读文献的过程中多留意和积累。一个可以借鉴的方法是从文献的关键词入手来提炼文献的主题，然后对文献进行归纳整理，最后找出可以概括这类文献的简短词句写到第一段里。可以用例如“Our work is primarily related to…（文献类别数）streams of literature：(i) …；(ii) …；(iii) …”这样的开头来进行阐述。

对所要回顾的文献主题和方向进行总结概括之后，接下来就需要对各个主题分别展开叙述。为了更好地展示文献综述的行文逻辑，我们可以针对每个主题成立一个小节，并赋予一个小标题，注意标题要与第一段中的词句进行对应（参见论文 Ansari et al.（2018）的文献综述）。这种组织也并非强制的，在一些文献较少的情况下可以不加小标题，而是直接在每一段的开头阐述要回顾什么方面的文献，直接以段落的形式体现主题方向的转变，但仍然要注意与第一段中的词句进行对应（参见论文 Bolandifar et al.（2018）的文献综述）。在每一个方向的文献阐述完毕之后，我们需要对该主题相关的文献进行总结概括，说明以上文献研究的关注点在哪里、本研究与该部分文献互补之处在哪里，从而引出自己论文要解决的问题，并说明与前人研究相比的创新之处。需要注意的是，这些阐述大多是必需的，因为这些描述有助于读者了解本文的研究价值。

在对各个主题的文献进行综述时，可能会遇到某一主题下已有研究很少的情况（这也恰恰体现了自己研究的价值），这时就可以在段落开始的第一句话说明这类文献的稀缺性。比如可以这样来开头：“Although the importance of… is widely acknowledged，there has been little research studying…”。

对于重点参考或借鉴的文献（参考其方法或者是某个重要的设

定等），我们可能需要将自己论文的结论与其进行对比。此时可以将这篇论文单独列为一段，进行较为详细的对比和叙述，但是要注意篇幅，避免长篇大论，迷失方向。

在完成对各个主题文献的回顾之后，我们还需要一个整体的文献总结，写明 research gap，以突出自己研究的价值。首先是突出创新性，即要重点描述自己研究与前面文献的区别以反映研究的意义和价值，最好是能让读者产生“这个问题的确很重要”“这个问题很新颖”的想法。其次要尽可能简洁，由于在第二部分写的每个段落都已经阐述了自己研究与他人研究的区别，所以在这部分整体总结中，要注意突出主要区别，弱化次要区别，尽可能用简短的几句话表达出自己论文的主要创新之处。要实现这一点，可以采用的方法是，回顾之前在第二部分对每小类文献的总结，从中提炼出和自己研究想要突出的贡献最相关的部分。

4.2　如何写好文献综述

在上一节，我们分析了文献综述的结构。这一节主要分析并介绍如何写好文献综述。本节分为四个小节，其中，4.2.1 小节将阐述如何查找与选取文献，4.2.2 小节分析如何组织文献，4.2.3 小节说明如何引出自己的研究问题，4.2.4 小节介绍图表工具在文献综述中的使用。

4.2.1　文献的查找与选取

文献的查找渠道有很多，经常使用的有 Scopus、Web of Science、中国知网以及各个期刊的官方网站等，这些网站均可以通过大学图书馆的服务链接中找到。在文献搜索时我们最常使用的方法是根据关键词进行检索，然后再对搜索返回的文献进行简短阅读。这里需要注意的是，有时会存在搜索某一关键词没有返回结果或者结果非常少甚至是不相关的情况，此时就需要考虑当前使用的关键词是否有另外的表达方式，然后重新进行搜索。在阅读文献的时候一定要养成随手记录的习惯，我们可以借助 EndNote、Excel 等工具来进行文献的整理和记录。虽然前期可能会花费较多的时间，但是对后期的文献回顾以及厘清写作思路、明确自己研究与前人研究的互补之处和研究贡献很有帮助。

关于文献的选取方式要遵循以下几个原则。第一个是经典性原则，即同一研究主题的文献有很多，要尽量选用一些领域内公认的经典论文。尤其是首次提出某个概念或方法的论文（我们可以阅读该领域内的文献综述类论文，这些论文通常会有一个清晰的领域的发展脉络，便于我们找到首次提出某个概念或方法的论文），往往这些论文的被引频次也较多。我们还可以从领域内公认的高质量期刊如 *Management Science*、*Manufacturing & Service Operations Management*（*M&SOM*）、*Production and Operations Management*、*Marketing Science* 等中进行查找，并结合简要阅读进行选用。需要注意的是，经典的文献不一定出现在顶级期刊上，因此我们还要在阅读文献的过程中注意积累。

第二个是时效性原则。基于管理学科的特点，一个好的研究问题通常是当下管理或商业实践中遇到的尚未解决的难题。因此，对于文献的选取要尽量避免年代太过久远的论文，而应该尽量选取近年来发表的与自己研究主题相关的论文，否则会给读者一种该研究问题近些年不受关注或者是研究已经很成熟的感觉，没有再深入研究的必要；或者是该研究问题太过老旧，没有新意。当然，关于研究方法类的文献还是要遵循前文的经典性原则，不宜只关注于近年来的研究。此外，直观上经典性原则与时效性原则似乎相互冲突，事实上并非如此。经典的论文并不一定是年代久远的论文，有些论文研究的问题在现实生活中刚刚出现，而且所用的方法很具有代表性，得到的管理启示也具有实践上的指导意义，这样的论文既经典又具有很强的时效性。

第三个是全面性原则。文献综述是要能让读者对某个领域内的研究的发展脉络有个大致的了解，因此所选取文献的研究主题和观点要尽量全面。切不可按照自己的喜好来选取文献，也不能仅仅引用少数知名学者和期刊的观点，否则容易以偏概全。我们要本着客观和实事求是的态度来看待特定研究主题下的研究成果，不能因为主观上不认同或者不喜欢他们的观点而故意忽略他们。

第四个是相关性原则。文献综述里选用的论文一定要与所要回顾的主题紧密契合。比如我们要回顾动态定价的文献，虽然有很多文献都是研究定价的，但是我们选用的文献一定要体现出其与动态定价中“动态”的相关性。文献相关性处理不当将给读者带来一种文不对题的感受，同时也不利于后续自己研究问题的引入。

我们在撰写文献综述时，除了要囊括经典的文献之外，更要回顾近年发表的领域内有代表性的论文。把握好以上四个原则，就能够做到在选取文献时心中有数、写作时游刃有余。

4.2.2　文献的组织方式

文献的组织方式指的是如何将文献清晰有效地组织起来。文献的组织方式主要有两种：按时间顺序进行串联和按研究主题进行串联。下面我们分别对这两种方式进行介绍。

（1）按时间顺序串联。

顾名思义，按时间顺序串联就是将文献按照发表的时间顺序依次进行回顾，结合时间线将相关文献组织成一个有机整体。在自己所研究的问题领域内，将要回顾的文献按照时间顺序依次排列，阐述他们做了什么，然后总结自己的研究与他们有什么不同。按时间顺序串联的优点是操作简单易行，并且可以使读者清楚地知道研究问题的发展脉络。但缺点是当文献之间的联系相对松散时，时间线条与故事线条将难以兼顾，单纯按时间顺序串联将导致文献之间的相关性不突出。

（2）按研究主题串联。

顾名思义，按研究主题串联就是将文献按照各自的研究主题进行回顾。实际上，不同研究主题的文献在进行串联之前，还需要对属于同一研究主题的文献进行并联。即，我们应该首先确定我们要回顾哪几个主题的文献，然后分别在不同的主题内填充论文。在填充论文时也要注意文献与文献之间的衔接，不能只是简单的罗列。

管理学科中单纯按照时间顺序撰写文献综述的学术论文并不多见，因为这种按时间顺序串联的方式很难使文献形成完整的逻辑体系。相比之下，按照研究主题进行串联的方式较为常用，可以使文献之间形成紧密的逻辑关系。

例如发表在 *M&SOM* 上的论文 Zhang and Zhang（2018）。在这篇论文的文献综述中，作者回顾了“策略性消费者行为对公司运营的影响”“再制造和闭环供应链管理”“政府对再制造和其他环保行为的管控”“考虑前瞻型消费者时的以旧换新或多产品引入策略”以及“二手市场”五个方面的文献。确定了这五个主题之后，作者分别在不同的主题下填充论文。比如在“再制造和闭环供应链管理”这个主题下，作者回顾了再制造产品与新产品的竞争、再制造产品的定价、再制造产品的质量设计和对环境的影响等文献。

按研究主题进行串联的优点是文献之间的联系比较紧密，相关性较强，使读者能够对本研究和他人的研究有很清晰的对比，更容易发现研究的创新之处和价值，但这种方法需要作者花较大的精力去整理文献。

我们在进行文献综述时，可以将这两种方法结合起来。在按研究主题串联的方式中保证叙述逻辑的前提下，可以按照时间顺序进行文献的总结，这样就结合了两种方法的优点。

需要注意的是，无论是按照时间顺序还是按照研究主题（或二者结合）进行文献总结，都要按照 4.2.1 小节提到的四个原则选用文献。并且，切记不能只对文献进行简单的罗列，一定要注意文献之间的联系，构成一个逻辑严密的有机整体。这里最常用的一种验证方法是，直接删除文献综述中的任何一句话都会让读者感觉到该部分逻辑上的不完整。

为了保持文献综述在逻辑上的完整性，我们需要注意衔接词的使用。最常使用的如“However”“Furthermore”“In addition”“On the one hand…, on the other hand”“Although”“While”等。还有连接的句子，如“However, we differentiate from these papers by focusing on…”“Another point of departure from the earlier literature is…”等。这些连接词句可以使论文读起来更加连贯，更重要的是，可以使文献综述的逻辑更加清晰。这需要日常学习中的积累和总结，建议建立自己的语料库，用于收集本领域常用的优秀句式。

4.2.3　引出研究空白与理论贡献

文献综述除了要阐明研究问题的发展概况，还有一个重要的功能，即要通过分析前人研究的不足，指出现存研究的空白，突出自己研究的理论意义。

要合理的阐述自己研究问题的理论意义，选用恰当主题的文献很重要（如何选取文献以及选取文献的原则之前已经阐述过，这里侧重于说明如何根据自己的研究问题选用恰当的主题）。我们可以采取如下做法，即由自己的研究问题和贡献反推我们要重点回顾哪些主题的文献，让文献服务于研究问题和贡献。具体来说，我们要由研究问题，查找对应问题下的文献，分析自己研究所考虑的因素这些文献是否没有研究过，针对性地叙述这些文献存在的差异与不足之处，这样就自然而然地引出自己研究问题的贡献所在了。例如，我们的研究问题是需求不确定条件下的动态定价问题，由这个问题的理论贡献去反推我们需要查找动态定价方面的文献，然后分析这些文献是否考虑了需求不确定性这个核心因素，如果没有的话，我们就可以有针对性地阐述这些文献没有考虑这个因素，那么就能够自然而然地过渡到自己的研究考虑了这个因素进而阐述研究的贡献。

4.2.4 巧用图表工具，突出论文贡献

除了用文字阐释自己的研究与现有文献的区别以外，我们还可以通过一些图表的方式进行辅助来突出自己研究问题的贡献。使用图表可以很直观地展示自己研究问题在文献中的定位。文献综述的图表工具主要有以下两种：表格和多维图。下面我们对这两种方式一一进行介绍。

第一种方式是表格汇总，这种方式在文献里应用较为广泛。具体来说，我们将文献进行分类整理，明确这些文献考虑了什么因素，忽略了什么因素，而我们自己的研究考虑了他们没有考虑的因素，然后将这些信息整理到表格中。表 4.1 提供了一个范例。

表 4.1　表格方式突出研究贡献

	因素 1	因素 2	因素 3	因素 4
第一类文献	√	√	×	×
第二类文献	×	√	×	√
第三类文献	√	×	×	√
自己的研究	√	√	√	√

如上表格所示，我们将文献分为了三类，并分别列出了和我们研究相关的四个因素。“√”表示文献考虑了这个因素，“×”表示这个因素没有被考虑。通过这种方式，读者就可以很直观地看到研

究的贡献和价值。

第二种方式是多维图，通常是二维图或者三维图。具体来说，我们需要先归纳出这些文献考虑的各种因素的加总，然后将这些因素归类为不同的维度作为横纵坐标，这样就可以将平面分为几个区域，最后对各个区域进行文献填充。图 4.1 提供了一个范例。

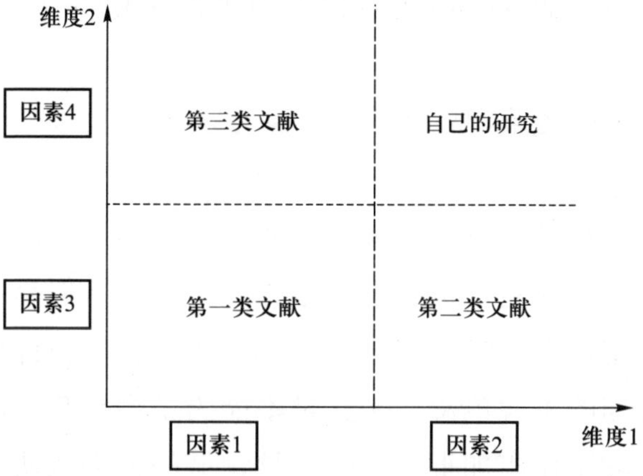

图 4.1　多维图方式突出研究贡献

如图 4.1 所示，文献总共考虑了四个因素，其中因素 1 和因素 2 可以归类为维度 1，因素 3 和因素 4 可以归类为维度 2。然后将文献填充在不同的区域。比如第二类文献考虑了因素 2 和因素 3，第三类文献考虑了因素 1 和因素 4，而我们自己的研究考虑了因素 2 和因素 4。这种方式可以使读者很方便地看到研究在所在领域内处于一个什么样的位置。

通过图表引出研究问题及贡献的方式非常清晰，容易给读者留下较为深刻的印象，可以帮助读者发现本研究的优势，阐述当前研究弥补了什么样的空白。但是，这种方式需要作者有着较强的文献归纳整理能力，所以还需要作者在日常学习中注意知识积累和思维锻炼。

4.3 撰写文献综述的注意事项

前两节我们介绍了文献综述的结构以及如何写好文献综述。本节我们列举一些文献综述撰写过程中的注意事项。

4.3.1 评价要客观，避免主观否定

文献综述是在某个研究问题下的对前人文献的总结，评价要客观，既要对其优点加以肯定，也要客观地指出其不足，但是不能凭主观感觉否定前人研究。本着科研实事求是的精神，我们在评价他人论文时不应该带有任何的主观色彩，尤其是不能为了突出自己的研究的重要性，而对前人的工作滥加批评。管理学领域的大多数研究都具有一定的时效性，即前人研究的结论可能不再适用于现代的社会背景，但这并不代表其研究是错误的，我们在写作的过程中要客观地评价前人研究的贡献，切不可通过贬低其成果来抬高自己的研究。因此，在文献综述的过程中，应该避免用“I（we）think”“In my opinion”等带有主观色彩的词句，尽量以第三人称进行客观叙述。

4.3.2 避免“综而不述”和“述而不引”

“综而不述”，指只对相关文献进行简单的罗列，而没有对其进行必要的评价，这是初学者在学术论文写作中常犯的错误之一。如果文献综述除了文献列举便没有其他语句，那么就犯了“综而不述”的错误。对文献进行列举只是做了文献综述的基础工作，如果不对文献进行必要的评价，那么读者将不能体会该文献的贡献或不足，也不能突出自己研究的贡献。对文献进行评述能够为引出自己的研

究问题及贡献打好基础。

“述而不引”，即只对文献进行评述，而没有引出自己研究的问题和对现有研究的贡献，这样就失去了回顾前人文献的重要意义。我们回顾文献一方面是厘清研究方向的发展脉络，而更重要的是为我们的研究提供理论支撑和找出我们的研究与前人的不同之处，从而突出贡献。因此，在对每个主题的文献进行综述以后，要介绍前人研究的不足之处，适时地引出自己的研究问题。另外，需要注意语义的过渡要自然，比如可以用“Our paper deviates from these studies by focusing on…”来引入。

4.3.3 避免照搬他人论文中的原句

在阐述他人文献里的研究结论时要遵循一个原则，即自己所写的语句和语言的表达方式要与自己的整篇论文的风格相契合。也就是说，我们不能将他人论文里关于研究结论的语句不加修改地直接写在文献综述里。通常情况下，每篇论文都有自己的行文风格，直接使用他人文献的句子容易让人感到突兀。不仅如此，照搬他人原句还容易带来学术不端的问题，造成剽窃和抄袭的嫌疑，这种情况可以通过以下两种方式来避免。

首先，我们可以通过阅读文献，将其理解后用自己的语言对其研究结论进行重新总结。这种方式可以很好地结合自己的研究问题和行文风格对前人研究结论进行总结，能够有效避免与原文语言的重复。其次，如果需要借鉴原论文中的语句，一定要进行必要的转换，如句式变换等。我们以一个例子进行说明，比如我们要引用论文 Zhang（2006，pp. 273）摘要里的研究结论：

> We find that information sharing mitigates the system's competition penalty in some cases, but there are also instances in which information sharing can hurt a decentralized system.

那么我们可以按以下两种方式来进行转换。

第一种是结合自己研究的同义词替换。如可以将上句改写为"They show that information sharing alleviates the system's competition penalty under some circumstances, but there are also cases where information sharing can hurt a decentralized system."。这里将"find"换成了"show","mitigates"换成了"alleviates","in some cases"换成了"under some circumstances"等。

第二种是变换句式。我们可以将上句写为"They show that in some cases, the system's competition penalty can be mitigated by information sharing, but there are also instances in which a decentralized system can be hurt by it."

由于一篇经典的文献通常都会被该领域学者多次引用，为了降低不必要的重复，我们还可以将以上两种方法结合起来使用。如上述例子中的句子可以改成"They show that under some circumstances, the system's competition penalty can be alleviated by information sharing, but there are also cases where a decentralized system can be hurt by it."。

值得注意的是，有些情况下是可以直接引用原作者原话的，如引用作者对某个概念的定义。但是这些定义一定要经典，被同行广泛认同才能用原话引用。此时，我们需要给这些话加上双引号，并且通常用斜体来突出表达。尽管如此，我们仍然需要在后面的表达中用自己的语言对其进行必要的解释和阐述。

4.3.4 文献综述的时态问题

初学者可能会对英语文献综述里的时态问题感到困惑，本小节对一些常用的时态进行介绍。文献综述的时态通常有三种，即一般现在时、过去时和现在完成时。下面分情况进行阐述。

（1）引出自己的研究问题、阐述自己的研究结论要用一般现在时。例如，“In our paper, we consider…”“Our paper investigates…”等。与此同时，需要注意单复数的使用。

（2）阐述某一个问题已经被其他文献研究过了一般用现在完成时。例如，“The forward-looking behavior of consumers has been widely documented in the consumer behavior literature, for example…”。

（3）如果是文献作为主语，谓语动词既可以用一般现在时，也可以用过去时（若期刊有要求则要遵守期刊要求），但是在同一篇论文中要统一时态。例如，可以写成“Bulow（1982）contributes”，也可以写成“Bulow（1982）contributed”。在前者中我们认为句子的主语是“Bulow（1982）”这篇文献，谓语动词一般都使用第三人称单数；而后者中我们认为句子的主语是该文献的作者“Bulow”，使用过去时进行表达。

4.4　文献综述举例分析

我们在4.1至4.3节中对如何撰写文献综述以及一些注意事项做了理论上的阐述，虽然过程中也穿插了一些例子，但整体来说不够直观。为了使大家对撰写文献综述有更加直观的了解，我们选取了*Management Science*上Su and Zhang（2008）一文的文献综述作为案例进行分析，为如何撰写文献综述提供直观的解读。我们用带括号数字对每段进行标记，用带圈数字对每段中需解释的句子进行标记。

（1）“When making a purchase decision, consumers choose from various alternatives, including the option of delaying the purchase. For example, whether or not a consumer makes a purchase depends on her expectations of what future prices will be. The forward-looking behavior of consumers has been widely documented in the consumer behavior literature, for example, Jacobson and Obermiller (1990), Krishna et al. (1991), Krishna (1994), and Ho et al. (1998), among others. ① This stream of research focuses on consumers' impressions of retailers' pricing patterns and its impact on consumers' purchasing decisions.

解析：①对以上回顾的文献进行总结，说明了他们都属于哪个研究领域、关注于哪个共同研究问题。

(2) Given its prevalence and importance, strategic consumer behavior① has been studied extensively across various disciplines. ② There is a stream of research in economics and marketing that examines durable goods markets with strategic consumers. This has been inspired by Coase (1972), who showed that durable goods monopolists will end up earning zero profits because, as long as prices are above marginal cost, strategic consumers will anticipate and wait for price reductions. ③Bulow (1982) contributes the important insight that a durable good monopolist prefers to rent his product rather than to sell it, because this avoids the competition from secondhand markets operated primarily by strategic consumers. ④Two recent studies that are most relevant to this paper are Desai et al. (2004) and Arya and Mittendorf (2006), both of which compare centralized and decentralized distribution channels for durable goods under strategic consumer behavior. Desai et al. show that, under certain conditions, strategic decentralization through the addition of a retailer in the distribution channel can increase a manufacturer's profits if the manufacturer can commit to future wholesale prices with the retailer. Arya and Mittendorf show that the benefits of decentralization are robust against changes in the manufacturer's ability to commit. ⑤Our paper

is similar in spirit because we also find that a decentralized supply chain may outperform a centralized one as a result of strategic consumer behavior, but we demonstrate this finding in a different setting with seasonal products and stochastic demand (rather than durable goods with deterministic demand).

解析：① 说明消费者的策略性行为已经被许多学科广泛研究，用现在完成时。

② 第一个回顾的主题。此句起到总领接下来所回顾的文献的作用。

③ “Bulow (1982) contributes…” 是一般现在时。这篇论文的文献综述用的是一般现在时，我们可以看到，作者在接下来的所有文献后的谓语动词用的都是一般现在时。另外，作者说这篇文献贡献了重要（important）的启示，这是对别人研究的肯定。

④ 此句之前回顾了以前的经典文献，此句之后回顾了近年的研究成果（对于作者当时的写作时间来说），过渡自然。

⑤ 引出自己研究问题和结论用一般现在时；对他人文献进行回顾之后，适时地引出自己的研究问题和结论，避免了“述而不引”。

(3) ①Strategic consumer behavior has recently been studied by operations management researchers. In particular, the literature on dynamic pricing of finite inventories is related to our paper. Aviv and Pazgal (2008) study optimal pricing of a seasonal product with the presence of forward-looking consumers. There is a single price reduction, and the authors examine the optimal timing and extent of discounts. Elmaghraby et al. (2008) investigate optimal markdown mechanisms in the presence of rational customers with multi-unit demands. Cho et al. (2007) analyze optimal customer responses when facing an exogenously specified dynamic pricing policy. Gallien (2006) shows that the optimal prices should increase over time when

selling a finite inventory to customers arriving over an infinite horizon. Su (2007) considers a heterogenous population of strategic as well as myopic customers and shows that, depending on the customer composition, optimal price paths could involve either markups or markdowns. Yu et al. (2007) study advance selling with limited capacity under various demand scenarios. ②These papers assume that the initial capacity is exogenously given, which differs from our model. Liu and van Ryzin (2008) study quantity decisions instead of price decisions in a capacity-rationing model with strategic customers. Yin et al. (2007) analyze a fashion retailer's ordering decision in a model where strategic customers arrive to the store according to a Poisson process and the prices are announced before the selling season starts. They focus on the impact of two different display formats (display all versus display one) on the seller's expected profits. There are also papers that consider strategic consumers in dynamic auction settings (see, e.g., Caldentey and Vulcano 2007, Gallien and Gupta 2007). ③All of the above papers study only the interaction between strategic consumers and a single seller, whereas our paper also considers the vertical relationship between manufacturers and retailers.

解析：① 这是第二个回顾主题，在本段开头进行总述。

② 对以上回顾的文献进行总结评述，避免了“综而不述”。

③ 对以上回顾的所有文献进行总结，并再次阐述与自己研究的不同。

(4) ①Our paper builds on the well known newsvendor problem: find the optimal order quantity that maximizes the seller's expected profit under probabilistic demand. There have been several recent developments of the newsvendor model that are most relevant. Petruzzi

and Dada (1999) summarize and extend the newsvendor model literature with pricing decisions. ②In their model, the aggregate demand is characterized as a function of the retail price together with a random shock. ③We also consider pricing decisions for the retailer, but in our model individual consumers may react rationally to the retailers' ordering quantity as well as prices. Dana and Petruzzi (2001) study a newsvendor problem in which customer demand is dependent on both price and inventory level. In their model, customers who visit the newsvendor forego an exogenous outside option (or, equivalently, they face a traveling cost). A higher likelihood of availability induces more customer visits and stimulates demand. This yields a higher optimal stocking level for the newsvendor. ④In contrast, in our model, strategic customer behavior leads to a lower optimal stocking level. This is because strategic waiting by customers compromises the retailer's ability to charge a high price in the regular selling season, and a remedy for the retailer is to limit the ordering quantity so that customers are discouraged from waiting for the sale. Cachon and Kok (2007) reinterpret the salvage price as a market-clearing price. They endogenize the clearance pricing decision and focus on how to estimate the salvage value from historical data. A literature review on the newsvendor model and its extensions can be found in Silver et al. (1998) and Khouja (1999).

解析：① 这是回顾的第三个主题，同样是在本段开头进行总述。

② 对上面文献的客观评述，用词不带有主观色彩。本篇文献综述对文献的评价都很客观，这里只是其中一个例子。

③ 阐述了他人文献和自己研究的相同点和不同点，再一次适时地引出了自己的研究问题，且突出了贡献。

④ “In contrast” 转折词，使过渡更加自然。同时又一次引出了

自己研究的不同之处。

（5）①There exists an enormous literature on supply chain contracting with a newsvendor retailer. The focus is on how to design a contractual relationship between the retailer and supplier to maximize supply chain efficiency. It has been shown that a variety of contracts can eliminate double marginalization by aligning firms' incentives. Some of the contracts can also split the supply chain profit arbitrarily between firms. For a detailed survey of the literature on supply chain contracting, the readers are referred to Cachon（2003）. ②It is worth pointing out that so far the customary practice has been to use the centralized optimal solution as the benchmark to evaluate various contracts. However, with the presence of strategic consumers, commitment becomes a critical issue in addition to centralization, and the centralized optimal solution benchmark may not be appropriate anymore."

解析：① 这是回顾的第四个主题。

② 再次指出论文的创新点和贡献。

总的来说，这篇文献综述有很多值得初学者借鉴的地方，是一个很好的范例。除了多加注意前面提到的理论上的阐述，还要学习现有文献中的优秀综述，取其精华，去其糟粕，这样才会有更深的感悟。另外，初学者还可以先去模仿优秀的文献综述，在学习借鉴的过程中慢慢内化为自己的体验和感悟。该文献综述中存在的一个小特点：本文文献综述中使用的时态是一般现在时，这在大多数管理类期刊的论文中也是被许可的。在日常的学术论文写作中，我们需要注意时态和人称的使用，可以通过目标期刊已发表的论文进行确认。

4.5　本章小结

本章分享了如何进行文献综述的撰写，分别从文献综述的结构，如何写好文献综述，撰写文献综述的注意事项几方面结合案例进行阐述。值得注意的是，掌握本书提到的这些理论是远远不够的，在平常的文献阅读的过程中，除了关注其学术创新外，更要对其优秀的写作风格和范式进行积累。并且，在撰写自己论文的过程中，要多思考是否避免了本书提到的一些需要注意的问题。

4.6　思考与讨论

1. 简述文献综述在管理科学学术论文中的作用及特点。

2. 文献综述的写作中有哪些常见的误区，该如何避免?

3. 结合阅读过的学术论文，总结从文献的角度突出论文贡献的方法。

第 5 章

模型构建

本章介绍如何进行管理科学学术论文主体部分（问题描述与模型构建）的写作。为了回答在引言中提出的研究问题，管理科学论文一般会选择合适的数理模型来对原问题进行建模以实现其刻画，包括决策理论模型、盈亏平衡点模型、库存模型、资源配置模型、网络模型、排队模型、博弈模型等。然后通过对模型的数理求解与分析，回答相应的研究问题并提炼管理启示，其中合适的模型指通过对现实问题的抽象，能够合理地刻画研究问题的主要矛盾，且不会过于复杂，能够求解分析的模型。模型部分是整篇论文的核心，只有建立一个合适的模型，才能正确地表达科学问题，得到有意义的结果。因此，本章主要向研究者介绍如何合理地构建和呈现论文的模型，能够兼顾研究问题的现实性和管理科学的理论性。模型部分旨在清晰、正确、简明、完整、有说服力、有逻辑性地告诉读者论文的研究内容和研究方法。下面将从模型的逻辑与结构、模型建立、模型假设三个方面逐一进行介绍。

5.1 逻辑与结构

一篇管理科学领域的论文一般只有一个基础模型，可能有多个附加模型及拓展模型，回答三至五个具体的研究问题。清晰地介绍每个模型和求解分析得到的结果并有逻辑地回答每个研究问题能够帮助读者更好地理解论文的研究内容。开始写作之前，需要明确写作逻辑并搭建一个清晰明了的论文架构。由于在管理科学论文的写作中模型与分析一般是穿插进行的，下面先整体介绍模型与分析部分的写作逻辑与结构。

如果我们仔细分析一些优秀的学术论文，将不难发现它们都是清晰、完整、有逻辑地交代了论文：（1）研究了哪些有意义的研究问题；（2）采用了什么合理的研究方法；（3）得到了哪些有意义的结果和结论。本质是告诉读者这篇论文为什么重要，向读者传达论文的研究贡献。因此在论文模型与分析的写作过程中，要围绕着论文的贡献展开。在引言部分提出论文的研究问题后，在问题描述与模型构建部分，要讲清楚研究问题的抽象过程及其建模情况，包括具体的模型类型及合理性；在分析与讨论部分，将围绕需要回答的研究问题，对模型进行求解和分析，得到相应的结果，并对结果进行解释和管理启示的提炼。

为了更好地理解管理科学学术论文的结构，我们可以把论文模型和分析部分搭建成一个树型结构。具体而言，每篇论文都以论文的核心研究问题为主线，从研究场景介绍、模型建立与求解、结果分析等方面展开，称作一级结构。对于每个一级结构，再细分几个中心论点，称作二级结构。例如，结果分析部分会分成几个主要结果，每个结果就是一个二级结构。然后视情况继续对二级结构进行细分，细分到每个段落甚至每个句子要传达的内容，称作三级、四级、五级甚至更多级的结构。例如，对于每个结果，可以细分成如何求解得到结果、如何展示结果、如何解释结果出现的背后原因、如何提炼结果的管理启示等方面。

搭建树型结构的过程中，要注意几个关键点：

（1）每部分的论点清晰明确。无论是第几层结构，都应该有清晰明确的核心思想，即论点。作者应该在论文中先明确每个模块的中心论点以及分论点，然后其他的描述和介绍围绕中心论点展开，能够让读者在没有完全了解论文的情况下知道每部分表达了什么内容。

(2) 同级结构之间的逻辑关系。论文的同级结构之间也是有逻辑关系的，结构不能随意在前后层级之间移动，内容上也存在前后逻辑性，因此需要一些承上启下的词句帮助读者理解不同论点之间的连接。例如，论文模型是为了回答研究问题而建立的，因此，模型的参数和设定要考虑研究问题的特点，同时兼顾模型的可求解性，才能得到预期的结果。此外，论文的结果呈现顺序一般遵从递进关系，后一个结果可能是对前一个结果的进一步分析，或者对前面几个结果的进一步比较。

(3) 上下级结构之间的逻辑关系。搭建好上层结构之后，下层结构是为上层结构服务的，通过一些顺序的或者并列的下层结构，丰富上层结构的中心论点的内容。例如第一层结构如果是模型建立，为了让读者理解论文建立的模型，第二层结构需要包含模型建立的背景也即是研究的场景；然后要介绍模型中出现的决策者有哪些，每个决策者的特征是什么，例如生产商特征、零售商特征、消费者特征等；然后介绍模型中各决策者的具体目标函数和约束条件；最后要说明模型建立的合理性。

因此，在开始论文写作之前，可以按照树型结构搭建论文模型与分析部分的各层级结构，提炼每部分的中心论点，帮助自己看清论文脉络、逻辑是否顺畅、前后层级安排是否合理、上下层级是否完整等，使得最终展现给读者的论文结构清晰、内容缜密。

基于上述的树形结构，模型和分析部分一般会分成多个章节，每个章节介绍一个主要内容。如图 5.1 所示，本书总结了模型与分析部分的一般性结构，主要包含模型介绍、基础模型、附加模型（一、二）、算例分析、拓展模型五个主要部分。其中模型介绍包含问题背景介绍、参与对象的特征参数介绍和模型决策顺序；基础模型和附加模型包含模型的决策变量和目标函数介绍、模型的求解和结果的解释与分析；算例分析包含算例或者仿真的参数取值介绍、数值算例或仿真结果及结果分析；拓展模型部分一般包含几个拓展方向，介绍每个拓展方向与主模型的模型设定区别和结果的异同。

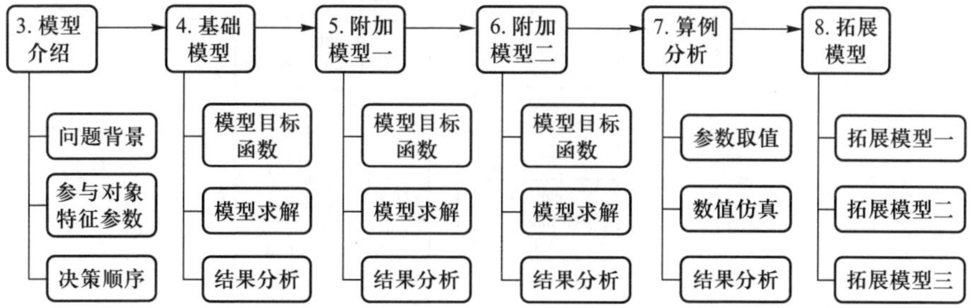

图 5.1 模型与分析部分的一般性结构

下面我们以两篇经典文献为例，介绍如何搭建模型和分析部分的架构。图 5.2 展示了 Cachon and Zhang（2006）的论文结构：该论文主要研究在考虑信息不对称情形下的采购问题，如何选择供应商来最小化采购成本和运作成本。这篇论文的模型和分析主要分成六节内容，其中第 2 节 The Model 单独介绍模型设定（本文第 3 节为 Literature Review，此处省略），然后在第 4 节 Centralized Management 中讨论基础模型“集中式管理”（也称为基准模型）。第 5 节 One Potential Supplier（$n=1$）和第 6 节 Competitive Bidding（$n\geqslant 2$）是附加模型（论文的主模型），也是论文的主要研究内容，分别介绍只有一个备选采购商和有多个备选采购商的情况。在每种情况下提出了最优机制和几种容易操作的机制，并把每种机制的分析讨论作为一个单独的小节。由于对多种机制进行理论分析比较复杂，第 7 节 Numerical Study 进行了数值分析，比较各种采购机制的表现情况。第 8 节 Two Extensions 从两个方面对模型进行了拓展，旨在检验前文主模型得到的结果的鲁棒性。

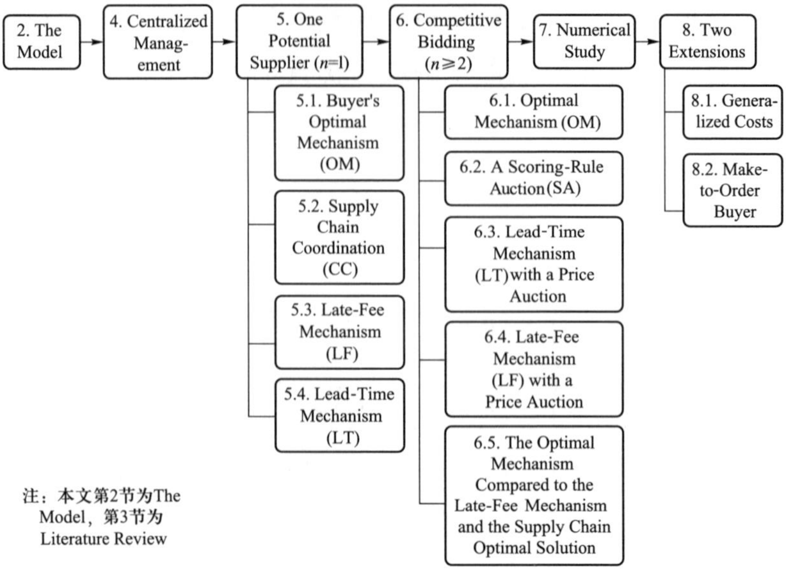

图 5.2　Cachon and Zhang（2006）的论文结构

图 5.3 展示了 Su and Zhang（2008）的主要结构：该论文主要研究消费者存在策略性行为时企业的订货策略和定价策略，检验策略性消费者的存在给供应链表现带来哪些新的影响，论文的模型和分析部分主要分成四节内容，其中第 3 节 Newsvendor Model with Strategic Customers 介绍考虑策略性消费者的报童模型并分析集中式供应链的表现，包含了模型介绍和基础模型两部分内容；第 4 节

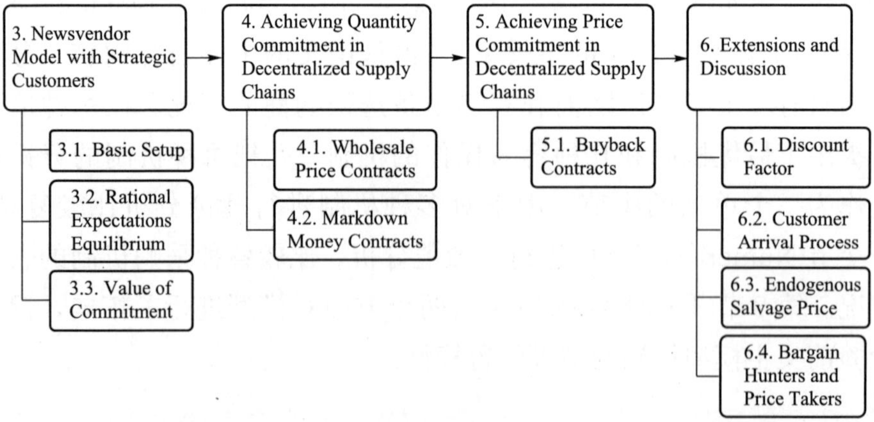

图 5.3　Su and Zhang（2008）的论文结构

Achieving Quantity Commitment in Decentralized Supply Chains，和第 5 节 Achieving Price Commitment in Decentralized Supply Chains 是论文的主模型（附加模型），分别介绍企业在分散式供应链系统中如何实现数量承诺和价格承诺；最后第 6 节 Extensions and Discussion 对主模型进行了拓展来验证主要结论的鲁棒性。

上述两篇例文的结构在逻辑上都存在递进关系。如在 Su and Zhang（2008）的四节内容中，首先把论文的研究重点“策略性消费者”考虑进来，建立集中化的报童模型，然后在分散式的供应链系统中分别研究如何实现数量承诺和价格承诺，最后针对第 4 节基础报童模型中的一些研究假设进行放松，考虑了四个拓展模型，检验结果的鲁棒性。文中第 1765 页第 3 节的最后一段起到承上启下的作用，作者介绍了为什么要研究分散式的供应链系统中的数量承诺和价格承诺，从而引出第 4 节和第 5 节的内容，具体内容如下：

例： Su and Zhang（2008，pp. 1765）

> Quantity commitment and price commitment are both desirable strategies that sometimes arise in practice. However, in most situations, these strategies may not be feasible because the seller lacks an appropriate commitment device. In this case, what can the seller do? Our analysis thus far suggests that the seller would have to contend with the RE equilibrium outcome. This may be true in a centralized system（single seller）but not for decentralized systems. In the following sections, we show that contractual arrangements between supply chain parties can serve as a surrogate commitment device, so as to attain the optimal profit benchmarks Π_q^* and Π_p^* with commitment. As a result, a decentralized supply chain may yield higher profits than a centralized supply chain.

作者首先说明数量承诺和价格承诺在现实中的应用价值（Quantity commitment and price commitment are both desirable strategies that sometimes arise in practice.）。然后提出在集中式供应链系统中数量承诺和价格承诺未必可行且理性预期均衡不一定稳定，引出下面需要解决的问题，卖家应该怎么处理（However，in most situations，these strategies may not be feasible because the seller lacks an appropriate commitment device. In this case，what can the seller do? Our analysis thus far suggests that the seller would have to contend with the RE equilibrium outcome.）。然后引出后面两节将要介绍的内容，在分散式的供应链系统中如何实现数量承诺和价格承诺策略，以及提出分散式系统表现可能优于集中式系统表现的论点，留给下面两节检验（This may be true in a centralized system（single seller）but not for decentralized systems. In the following sections，we show that contractual arrangements between supply chain parties can serve as a surrogate commitment device，so as to attain the optimal profit benchmarks Π_q^* and Π_p^* with commitment. As a result，a decentralized supply chain may yield higher profits than a centralized supply chain.）。此外，需要注意的是，分散式系统的表现可能优于集中式系统这个论点并不是随意提出的，而是本文的一个重要贡献，在第 4 节和第 5 节会从多个方面重点讨论。综上，我们可以发现论文的前后章节在结构和内容上都要注意连贯性和逻辑性，在开始写作时搭建一个有条理、有层次感的论文框架至关重要。

如果对 Su and Zhang（2008）的二级标题继续进行细分，可以看到其第 3 节包含三个小节，分别介绍基础模型的建立（Basic Setup)、理性预期均衡的求解（Rational Expectations Equilibrium）和承诺的价值（Value of Commitment)。其中模型建立是介绍论文的基础模型，理性预期均衡求解是论文的主要求解方法，承诺的价值是本文的一个主要研究问题，从第 4 节和第 5 节也可以发现，论文主要研究不同的承诺策略。因此第 3 节是论文基础模型的主要内容，第 4 节和第 5 节是对基础模型的核心探索，分别考虑了分散式供应链系统中常用的合同，和第 3 节中关于集中式供应链系统的结果做对比分析。而第 6 节分为四个小节，从四个方面放松基础模型中的假设，验证结果的鲁棒性。

通过对上述两篇论文结构的学习，我们不难发现管理科学论文的模型和分析部分结构具有很多共同点：（1）先介绍模型设定；（2）然后根据研究问题分成几个章节，每节介绍一种主要模型；（3）可能存在数值算例与仿真部分，分析一些难以在理论上进行分析的结果；（4）最后拓展部分会放松主模型的一些假设。下面我们聚焦于第 3 节模型介绍部分，模型的具体求解和结果分析将在本书第 6 章进行介绍展示。

5.2 模型建立

模型建立部分最主要的作用是告诉读者我们如何解决论文提出的研究问题，得到相应的研究结果。此外，模型部分还可以（1）帮助读者复现我们的研究；（2）初学者可以学习我们的模型，解决相似的问题；（3）后续研究者可以对我们的模型进行延伸和改进，用来解决更多的研究问题；（4）资深学者可以根据模型的合理性判断我们的研究结果是否正确以及研究结果是否有意义。因此，需要清晰、简明、完整地把模型的各个要素呈现给读者。模型建立部分主要是介绍模型的参与对象和具体的建模过程。下面我们将从这两个方面展开介绍。

5.2.1 模型参与对象

模型建立部分一般首先简要介绍模型包含哪些参与对象（即决

策者)，然后详细阐述每个参与对象的特征、决策变量以及决策目标，最后介绍他们的决策顺序。管理科学的研究模型一般包含多个参与对象，如政府、供应商、生产商、零售商、平台、消费者等，每个参与对象都有不同的特征，也有不同的决策和目标。因此，模型的开篇一般直接简要介绍研究的场景包含哪些参与对象，帮助读者迅速对模型有整体的了解。

例： Su and Zhang (2008, pp. 1762)

> This paper builds upon the newsvendor inventory model. There is a single seller who must determine how many units of a product to stock. The seller faces random demand $X \geqslant 0$, which can be interpreted as the total mass of (infinitesimal) consumers in the market.

本例开篇介绍了该论文的基础是报童模型，参与对象有两类，一类是一个销售商，另一类是市场上的消费者。

接下来论文需要分别对每个参与对象给予详细介绍，包括每个参与对象的特征参数、在模型中扮演的角色、是否有决策权，如果有决策权，决策变量和决策目标是什么。一般先介绍决策接受者(一般是消费者、市场需求等)，后介绍决策制定者。先介绍决策接受者的属性和特征可以帮助读者理解决策制定者如何根据决策接受者的响应做出最优的决策。

介绍完模型的各个参与对象之后，一般会描述模型的决策顺序，即各个参与对象决策的先后顺序。决策顺序的介绍一方面可以让读者把握模型的整体脉络，清楚每个决策对象在何时做出了何种决策，另一方面是后续模型求解分析的依据，可以让后续的整个求解过程更有条理，便于读者理解。

下面我们通过学习 Cachon and Zhang (2006) 第 2 节模型建立部分来介绍参与对象的写作技巧和注意事项。

Cachon and Zhang（2006）第 2 节模型的开篇是“A buyer must acquire a component from one of $n \geqslant 1$ potential suppliers. The buyer uses this component in the assembly of a product sold to consumers.”，介绍了模型的参与对象有三类，一类是一个买方，一类是潜在的供应商，还有一类是消费者。接下来按照消费者、供应商、买方的顺序依次介绍各类参与对象的具体特征。

首先该论文中的消费者特征比较简单，没有具体的购买选择，只是随机到达进行购买，因此作者先介绍消费者到达的情况（Customer demand arrives at the buyer according to a Poisson process with rate λ.）。

然后介绍供应商的特征，依次包含供应商类型（The suppliers are make-to-order manufacturers.）、生产效率（Let μ be a supplier's production rate, which we generally refer to as the supplier's capacity.）、生产成本（A supplier's interproduction times are exponentially distributed with mean $1/\mu$, and the supplier incurs a capacity cost at rate $b\mu$（$b>0$）to maintain its capacity. The suppliers' capacity costs are independent draws from a continuous random variable, b, where $b \in [b_l, b_h]$ and $0<b_l \leqslant b_h$. Let F and f be the cdf and pdf, respectively. The variable production cost is normalized to zero.）、产品转移到买方的方式（Once the production of a unit is completed, it is immediately delivered to the buyer.）。写作原则是简明且清晰地把模型中需要的参数按照一定的逻辑顺序一一进行介绍。以生产成本的介绍为例，需要把生产成本的刻画方式、生产成本的取值范围、其他成本的刻画一一描述清楚，旨在让读者可以直接理解后续决策目标中所有参数的含义。

最后介绍买方的特征，由于在论文中买方是主要决策制定者，一般会依次介绍买方制定决策的目标函数中包含的参数。买方决定供应商的选择策略以最小化采购成本和运营成本，因此，介绍买方时，需要介绍运营成本的组成要素：库存持有成本和缺货成本（The buyer incurs inventory holding costs at rate h per unit. Unsatisfied demand is backlogged, and the buyer incurs a goodwill cost at rate p per backorder.）。介绍每个要素时，要给出必要的解释和说明，解释为何考虑这种成本，为何成本的这种刻画方式是合理的。每个参数的设定本质上都是一种假设，有的设定是约定俗成的，可以直接使用。有的设定与现实相符或者有以往的文献使用，需要简要解释一下合理性。而有的设定比较主观，需要提供有说服力的解释，甚至需要在论文的拓展章节考虑其他的设定方式，检验结果的鲁棒性。这部分内容会在下一节模型合理性部分详细说明。

接下来是对决策变量的描述，该文的决策变量是买方决定供应商的选择策略和合同设计（The buyer's procurement strategy includes two tasks—supplier selection（which supplier to source from）and contract design（the details of the transfer payment between the buyer and the supplier).）。因此要详细介绍有哪些采购策略可供选择，每种采购策略的具体操作方式（We consider several procurement strategies within two distinct scenarios. The first scenario is sole sourcing with one potential supplier（$n=1$）. …… The next scenario involves competitive bidding among at least two potential suppliers（$n\geqslant 2$）.）。该部分提到的只有一个供应商的情况和有多个供应商的情况是论文的主要研究内容，对应第 5 节 One Potential Supplier（$n=1$）和第 6 节 Competitive Bidding（$n\geqslant 2$），形成了结构和内容上的前后呼应，让读者更容易读懂研究的整体内容和框架。

需要注意的是，一篇管理科学类论文可能会有多个子模型，在模型设定部分一般只介绍在所有子模型中都适用的特征参数，每个子模型特有的参数会在子模型中介绍，这样可以避免因参数过多或者指向性不明确造成的理解混乱。例如，在第 4 节中订货量 N 是集中式系统中特有的参数，因此在第 4 节开始部分进行介绍（Let N be the number of outstanding orders at the supplier in steady state. N is geometrically distributed.），而没有在第 3 节模型设定部分介绍。

完成对每个参与对象的特征参数描述后，一般会介绍模型的决策顺序，即各个参与对象决策的时间先后顺序。例如 Cachon and Zhang（2006）在论文中，用一段内容描述事件决策顺序。而当决策阶段过多或者参与对象的决策行为较复杂时，作者会通过事件序列图的形式展现决策顺序，让读者更直观地理解模型中各个参与对象的决策时间和决策行为。

The sequence of events is as follows：（1）卖方公布供应商选择流程和支付合同（The buyer announces her supplier selection process（some auction mechanism，if $n \geqslant 2$）and her transfer payment contract)；（2）能够接受合同的供应商决策生产效率或容量（assuming the supplier accepts the contract，the supplier chooses his capacity μ)；（3）买方观测到供应商的提前期并决定其基本库存持有水平（the buyer observes the supplier's lead times and chooses s)；（4）得到买方的成本和供应商的利润（the buyer incurs costs（procurement and operating）and the supplier earns a profit（transfer payment minus capacity costs）over an infinite horizon.）。通过以上的事件顺序，得到买方的成本和供应商的利润后，买方和供应商分别优化各自决策，目标分别是最小化成本或最大化利润（The buyer minimizes the sum of her procurement and operating costs per unit of time. The suppliers maximize their own expected profit per unit of time.）。

5.2.2 具体决策模型

完成各个参与对象的特征参数的介绍后，需要描述具体的决策模型，即各参与对象的决策目标的模型表达。如果论文只有一个模型，此部分一般会单独成立一节，与分析部分分离开来。如果论文研究多种子情况，每种情况的模型不同，则一般会按照研究包含的子情况分章节，在每个章节中介绍一个研究子情况的模型及其分析。所以，需要根据每篇论文的具体研究内容决定是否把模型和分析分开描述。

基于以上对模型参与对象的介绍，基本明确了所有的参数、模型的决策变量和决策目标，接下来就是把决策目标转化成数学表达式。在此过程中需要注意两点：

(1) 按照决策顺序或者决策顺序的倒序介绍每个目标函数。对于模型中的每个参与对象，一般都有自己的决策目标，论文一般会按照决策顺序或者逆序分别介绍每个参与对象的决策目标函数，而不是穿插着介绍多个参与对象的目标函数，防止混乱。

例如，Su and Zhang（2008）第 1763 页先介绍消费者的决策问题（Based on the chronology above，we first describe the consumer's decision problem.），后介绍卖方的决策问题（Next，we consider the seller's decision problem. The two decisions are stocking quantity Q and regular selling price p.）。

(2) 给出每个目标函数后要附有文字说明，帮助读者理解表达式中每个部分的实际含义。初学者在模型建立部分常犯的错误是大量表达式的堆砌，缺少必要的文字解释说明，读者在阅读过程中需要基于前面模型参数的介绍一一理解每个表达式的含义，造成阅读和理解障碍。因此，在介绍具体模型表达式时，需要对表达式中不易直接理解的部分进行文字说明。

例如，Su and Zhang（2008）第 1763 页中使用表达式 $\max\{v-p,(v-s)\xi_{prob}\}$表示消费者的期望剩余，紧接着给出了表达式的解释说明“The first term is the surplus from buying at the regular price p, and the second term is the expected surplus if she waits for the sale, where there is probability ξ_{prob} that she earns surplus $v-s$ and probability $1-\xi_{prob}$ that she earns zero surplus（if the product is out of stock）. Because the consumer chooses the more attractive option between buying and waiting, she will buy at price p if and only if $v-p\geqslant(v-s)\xi_{prob}$."。

在介绍模型建立步骤时，要以便于读者阅读为导向，以结果为导向。即让读者能查阅结果究竟是如何得到的、能检查结果的合理性并在某些情形下能够将所介绍的模型重复出来，以复现研究结果。如何权衡模型建立的细节、清晰度以及模型部分在整篇论文中的篇幅，是需要千锤百炼的，且与具体的研究问题有关。如果一些模型框架是非常成熟的，如报童模型，那么可以简要介绍，一些细节可以引用相关文献。如果模型本身就是论文的主要贡献之一，那么需要对相关参数进行详细介绍，给出充分的解释说明。如果模型的求解步骤或过程比较简单或者不重要，那就可以省略或者只提供简要介绍，或者整理到附录中供读者参考。如果模型的求解步骤或过程中能产生一些有意义的结果或者对论文最终的结果十分重要，就需要详细介绍，把具体过程展现给读者（可以在正文中也可以在附录中，根据目标期刊的要求选取）。因此，在完成论文写作之后，应该把自己当成读者，站在读者的角度通读一遍全文，看看还有哪些需求、哪些不清楚的参数、模型的表达，或者冗余的说明，再对论文进行必要的修改。

5.3 模型假设

管理科学领域的研究一般来源于企业的日常管理实践，大多是现实运营中遇到的问题。由于现实场景包含多种复杂的因素，很难用模型完全刻画出来，因此需要对现实场景进行必要的简化，刨除一些对研究问题影响不大的次要因素，对复杂因素进行整理，形成一个"干净"的数学模型。简化模型的方法是对参与对象的特征参数或者研究场景进行假设（Assumption），把研究场景和各个参与对象的特征参数设定成某种特定的具体形式，使模型尽可能简化，便于后续求解和分析。

模型的假设可以很大程度上简化问题，提出假设要遵守的首要原则是合理性。合理的假设可以简化模型并保证结果的有效性，但一味地为了简化模型设置不合理的假设会使得研究结果没有意义，失去研究价值。因此，在模型假设部分，除了要介绍各个特征参数，还有一个重要任务就是需要解释每个特征参数设定的合理性。

本质上，每个参数的设定都是一种假设，有的设定是约定俗成的，可以直接使用；有的设定与现实相符或者有以往的文献使用，需要简要解释一下合理性；而有的设定比较主观，需要提供有说服力的详细解释，甚至需要在论文的拓展章节考虑其他的设定方式，检验结果的鲁棒性。下面我们分别介绍假设的主要类型以及如何说明假设的合理性。

5.3.1 假设类型

(1) 约定俗成的假设。有一些假设是读者比较容易理解和接受的，或者以往的文献中常用的。对此类假设，可以直言不讳。

例： Su and Zhang（2008，pp. 1762）

> Each unit of the product costs c but is valued by customers at v. That is, v is customers' utility from consuming the product. Leftover units can be sold in an exogenous salvage market at s per unit. We assume that $s<c<v$.

作者假设产品的残值小于产品的生产成本，而生产成本又小于产品对消费者的价值。这个假设是实践中的现实情形，是约定俗成的，读者很容易理解，其主要目的是保证数学模型的严谨性而非单纯的简化模型，且在经典的报童模型中经常运用。所以这种假设可以在文中直接给出而不需要解释。

例： Cachon and Zhang（2006，pp. 882）

> Customer demand arrives at the buyer according to a Poisson process with rate λ.

作者假设消费者的到达服从泊松分布，这个也是刻画消费者随机到达过程常用的设定，被大量运筹学和管理科学的研究和教科书使用，是行业内人尽皆知的约定，因此这种假设可以直接给出，直接描述设定内容。

例： Cachon and Zhang（2006，pp. 882）

> Unsatisfied demand is backlogged，and the buyer incurs a goodwill cost at rate p per backorder.

作者假设没有满足的订单会积压且生产积压成本。这个设定也是企业库存管理中面临的现实情形，可以直接在文中给出。

（2）求解便利性的假设。为了模型求解的便利性，有时会限定一些参数的取值范围或者函数的性质，保证结果在数理上的可行性，如最优解存在，需求、价格非负等。

例： Su and Zhang（2008，pp. 1762）

> Let us denote the distribution and density of X by F and f. We assume that the demand distribution has an increasing failure rate，that is，$f(x)/(1-F(x))$ is increasing in x. For technical reasons，we also assume that f is continuous and has a connected support，and $f(0)>0$.

作者假设需求分布具有递增失效率性质，并假设概率密度函数是连续的。这个假设能够保证后面的模型分析中利润函数可导及其凹性。类似的假设要在模型建立部分给出，并做出解释说明。

（3）论文特有的假设。除了以上两种读者比较容易理解和接受的假设，还有一类假设是每篇论文所特有的。作者在模型设定中对于某个特征参数，从可行方案中选择其中一种，但是其他方案可能也是合理的，甚至更加符合现实。此时为了简化问题分析，作者在满足合理的前提下选择一种尽可能简化的刻画方式。这类假设的写作是最重要的，一方面这类假设对论文的模型求解和分析有重要的简化作用，但另一方面，这类假设也最容易被读者质疑。

例： Su and Zhang（2008，pp. 1763）

> For tractability，we make the following two assumptions. First，we consider homogeneous customers who share the same beliefs ξ_{prob} and the same reservation price r. Second，we assume that consumers are risk neutral and that they do not discount future payoffs.

作者明确给出两个假设，分别是消费者是同质的，消费者是风险中立的且对未来收益没有折扣。读者很容易想到消费者可能并不是同质的，现实中每个消费者都有不同的信念和保留价格，此外，也有些消费者是风险偏好或者风险厌恶的，对未来的收益会有折扣。因此，这类假设就是不易被读者直接接受的，写作过程中要考虑如何让读者接受这些假设。

例： Su and Zhang（2008，pp. 1763）

> Therefore，when an individual consumer waits，he will obtain the product with probability $F(Q)$，which must be consistent with his beliefs ξ_{prob}，as shown in（iv）. Here，we have implicitly assumed efficient rationing：customers who wait for the sale have the highest priority to receive the product in the salvage market.

作者假设产品分配原则是把产品优先分配给等待最久的消费者。这个假设在现实场景下未必合理，如可能把产品分配给出价最高的消费者，可能把产品分配给需求最迫切的消费者（如器官移植）等。因此这类假设也需要给出解释说明。

例：Cachon and Zhang（2006，pp. 882）

> The buyer incurs inventory holding costs at rate h per unit.

作者假设库存持有成本是恒定的。但是可能会有读者认为库存持有成本会受到其他因素影响，是变动的，那么如果库存持有成本是变动的，对研究结果有什么影响。在这类假设的写作中需要给出解释打消读者可能产生的疑虑。

例：Cachon and Zhang（2006，pp. 882）

> The supplier does not carry inventory.

作者假设供应商不存储库存。这是一个比较强的假设，认为供应商按需生产，不提前存储库存。但是现实中由于需求的不确定性和生产提前期的存在，一般都需要提前储备库存，防止缺货。因此，在这篇论文中给出这个假设就需要解释说明这个假设的合理性。

5.3.2 假设合理性

根据以上的分析，我们知道为了简化模型提出一些假设时，一个重要的任务是说明假设的合理性。对于约定俗成的假设，一般读者可以直接理解并接受，只需要简要解释或者直接给出假设不用额外说明。对于为了求解便利性给出的假设，一般需要给出简要的说明或者引用以往的文献来佐证假设的合理性。而对于每篇论文特有的假设，则需要较为详细的说明，具体地，我们总结了以下四种常用的方法来说明假设的合理性。

（1）文献支撑。对于文献中常用的假设，可以给出简要说明或者直接引用已有文献佐证假设的合理性。

例： Su and Zhang（2008，pp. 1762）

> Let us denote the distribution and density of X by F and f. We assume that the demand distribution has an increasing failure rate，that is，$f(x)/(1-F(x))$ is increasing in x. This assumption is satisfied by many commonly observed distributions.

作者用常见的分布均符合论文给出的性质来说明假设的合理性。

（2）现实支撑。一些假设可以用现实情况解释，帮助读者理解并说明假设的合理性，企业实践中的具体举措是最具有说服力的解释。

例： Su and Zhang（2008，pp. 1763）

> Here，we have implicitly assumed efficient rationing：customers who wait for the sale have the highest priority to receive the product in the salvage market. This is reasonable because customers who are interested in a particular product and are eagerly waiting for a sale are also the ones who are more likely to get the product when the sale actually takes place.

作者用现实情况中产品的分配原则是优先分配给等待更久的消费者来说明论文假设的合理性。

（3）理论分析。有一类假设是对现实情况的简化，但是不影响研究结果的性质。因此可以进行简要的理论说明，阐述为什么这样的假设可以在性质上不改变论文的主要研究结果。

例： Cachon and Zhang（2006，pp. 882）

> The supplier does not carry inventory. We suspect that our qualitative results continue to apply even if the supplier chooses a base-stock level（i.e.，carries inventory）in addition to his capacity level.

> For example, the buyer's optimal policy is probably still a base-stock policy (conditional on the supplier's chosen capacity and base-stock level), but the functional form of the buyer's operating cost is more complex. As a result, the exponential approximation we utilize (which we describe later) probably needs to be modified to maintain its effectiveness.

作者通过简要的理论分析来说明论文的假设不改变论文关注的核心问题，在性质上不会影响论文的结果。

（4）拓展分析。对于一些可能会影响论文结果的假设，除了说明主模型中采用的参数设定的合理性外，一般还要在拓展部分放松这些假设，检验结果的鲁棒性。

例： Su and Zhang（2008，pp. 1763）

> For tractability, we make the following two assumptions. First, we consider homogeneous customers who share the same beliefs ξ_{prob} and the same reservation price r. In Online Appendix B, we relax this assumption and consider more elaborate models of consumer behavior to demonstrate the robustness of our results. Second, we assume that consumers are risk neutral and that they do not discount future payoffs. Section 6.1 provides a discussion of the impact of introducing a discount factor.

作者在拓展部分分别放松了这两个假设，采用其他的刻画模式，来说明假设对结果没有本质影响，来验证结果的鲁棒性。

例： Cachon and Zhang（2006，pp. 882）

> The buyer incurs inventory holding costs at rate h per unit. A constant holding cost is reasonable if the physical holding cost plus the financial holding cost on the variable production cost dominates

the financial holding cost due to the supplier's capacity cost and margin. Alternatively, a constant h can be considered as an approximation for the holding cost given the possible range of procurement costs. Section 8 discusses the implications of a holding cost that varies with the procurement cost.

作者先给出了解释说明来佐证假设的合理性，此外，在拓展部分也放松了这个假设，刻画可变的持有成本，来说明假设对结果没有显著影响，来验证结果的鲁棒性。

5.4 模型拓展

在采用建模方法开展研究的管理科学论文中，需要对复杂的现实场景进行简化和提炼，对参与对象的特征参数或者研究场景进行假设，把研究场景和各个参与对象的特征参数设定成某种具体形式，在保证科学问题不变的情况下使模型尽可能简化，便于后续的求解和分析。然后，并不是所有读者都会认可主模型假设的参与对象的特征参数，即使在模型建立部分已经尽可能地对每个可能被质疑的假设做了充分的解释说明来佐证假设的合理性，读者对一些参数的设定仍可能有不同的观点。此外，在一些情况下，作者为了求解和分析的便利性，对参与对象的特征参数的设定进行了必要的简化，导致模型并不是完全符合现实情况。因此，对于这些情况，一般需要对主模型进行必要的拓展分析，改变主模型的一些参数设定，检验主模型的结果是否依然成立，验证结果的鲁棒性，从而进一步说明主模型的简化设定足以刻画研究问题。由于模型拓展是对主模型假设的补充分析，模型拓展的原则是从主模型出发，放松主模型中的某个假设、加入某个因素或者改变某个参数的设定进行分析。不能重新建立一个与主模型不相关的模型，或者同时改变主模型的多个假设，这样就失去了验证结果鲁棒性的意义。根据模型拓展改变的假设的类型或方式，模型拓展一般从以下方面展开。

5.4.1 增加考量的因素

在主模型中为了求解和分析便利性，会刨除某些因素或者把可变的因素假设成一个固定值，如生产成本、折扣因子等。在模型拓展部分需要放松这些假设，把主模型中忽略的因素考虑进来，验证这个因素是否会影响论文的主要结果、有没有新的结论等。

例： Su and Zhang（2008，pp. 1763 and 1770）

> （pp. 1763）We assume that consumers are risk neutral and that they do not discount future payoffs. Section 6.1 provides a discussion of the impact of introducing a discount factor.
>
> （pp. 1770）Suppose that consumers use a discount factor of $\delta \in [0, 1]$ on end-of-season payoffs. Then, given that the anticipated probability of availability is ξ_{prob}, the consumer's expected surplus from waiting for a sale is now $\delta \xi_{prob}(v-s)$ instead of $\xi_{prob}(v-s)$ as before. This implies that the consumer's reservation price would be $r=v-\delta \xi_{prob}(v-s)$.

正文中提出在主模型中不考虑折扣因子。然后在6.1节(Discount Factor)中把折扣因子考虑到模型中，并说明引入折扣因子改变了主模型的哪些设定。

例： Cachon and Zhang（2006，pp. 882 and 892）

> （pp. 882）The buyer incurs inventory holding costs at rate h per unit. A constant holding cost is reasonable if the physical holding cost plus the financial holding cost on the variable production cost

> dominates the financial holding cost due to the supplier's capacity cost and margin. Alternatively, a constant h can be considered as an approximation for the holding cost given the possible range of procurement costs. Section 8 discusses the implications of a holding cost that varies with the procurement cost.
>
> (pp. 892) Although there are situations in which it is reasonable to assume constant p and h, there are also cases in which the p/h ratio varies with the procurement price (such as when there are fixed goodwill penalties associated with the backorder cost or when there are fixed holding costs per unit that are independent of the purchase cost). To test the robustness of our results, we considered a model in which p is held constant and $h=h_0+rv$, where h_0 is a constant representing the physical holding cost, r is the interest rate, and v is the buyer's unit cost, which may differ from the unit price R.

正文中提出把主模型中库存持有成本设定成一个固定值，并给出解释说明，然后在拓展部分会刻画可变的持有成本。在模型拓展部分 8.1 节（Generalized Costs）考虑可变的持有成本的原因，以及如何刻画可变的持有成本。

5.4.2 特定假设的一般化

在主模型中为了求解和分析便利性，会存在一些特定的假设，如将随机变量的分布设定成一个简单易操作的分布，如均匀分布或者两点分布等。在模型拓展部分需要放松这个假设，考虑一个更一般的分布，验证更一般的模型设定是否会影响论文的主要结果、有没有新的结果。

例：Su and Zhang (2008, pp. 1771)

> Our basic model is an extension of the newsvendor setup, and we use a single random variable to capture one-shot demand. In reality, it would be more natural to assume that customers arrive over time. ... Arrival time can be used to index the customers (θ is the arrival time), and the corresponding distribution function G can be constructed using the dynamic arrival process.

在上述论文的主模型中假设消费者集中到达，需求一次性出现。在模型拓展部分，考虑消费者的动态达到过程，并解释为何考虑消费者的动态达到过程以及如何刻画该过程。

例：Guo et al. (2021, pp. 2281)

> In this section, we check the robustness of the results by considering a scenario where consumer valuations follow uniform distributions.
>
> For clarity of analysis, in the base model, we assume that the valuation for product i (i.e., v_i) follows a two-point distribution. To check the robustness of the results and derive additional insights, we now modify the base model to consider uniform distributions for both product valuations. Specifically, we assume that both valuations, v_1 and v_2, follow independent uniform distributions on [0, 1].

该论文在主模型中考虑消费者对产品的估值是两点分布，为了验证结果的鲁棒性，把消费者对产品的估值放松成更一般的均匀分布，验证原有结果是否改变以及是否会有新的研究结论。

5.4.3 内生化某个参数

在主模型中为了求解和分析的便利性，会把参与对象的某个特征参数外生给定，假定为一个常量。而实践中该参数可能是内生化的，则在模型拓展部分需要放松这个假设，考虑此特征参数内生化对决策最优的影响，验证论文的主要结论是否仍然成立。

例： Su and Zhang（2008，pp. 1771）

> So far we have assumed a constant salvage value s. This enables us to study the impact of strategic customer behavior on the classic newsvendor model, as well as the impact on supply chain contracting. However, more generally, there may be price effects on the salvage market. To capture price effects on the salvage market, suppose that the salvage price s is a decreasing function of the number of leftover units Q_l, denoted by $s(Q_l)$. As a benchmark for comparison, we consider $s=s(0)<c$ in our basic model. Then with endogenous salvage value $s(Q_l)$, increasing the seller's quantity Q has a two-fold effect.

在 6.3 节（Endogenous Salvage Price）中，作者首先描述在主模型中假设外生给定的残余价值的原因和作用。然后提出现实中存在残余市场的价格效应，所以应该内生化残余价值来刻画这种效应，以及如何刻画残余价值函数。

例： Guo et al.（2021，Appendix B.1，pp. 5）

> We assume the commission rate is exogenously given in the base model. In this subsection, we relax this assumption to consider an endogenous commission rate. Note that the commission rate is a long-term decision relative to pricing decisions. Therefore,

> the commission rate decision should be made before the suppliers' pricing decisions. Thus, we consider the following game sequence: The platform first determines the commission rate θ; then, the suppliers simultaneously decide the retail prices p_1 and p_2; finally, the platform chooses whether to offer the bundled product and sets the price p_{12} if the bundled product is offered.

该论文在主模型中将平台的佣金率设定为外生，在附录 B.1. (Endogenous Commission Rate) 的拓展模型部分，考虑了内生化平台的佣金率决策对问题结果和论文结论的影响。

5.4.4 参与对象的异质性

在主模型中为了求解和分析的便利性，我们经常会把某类参与对象的特征参数同质化，如消费者对产品质量的感知、公司的生产成本等。在模型拓展部分可以放松这些假设，考虑异质性的参与对象，验证参与对象的异质性是否会影响论文的主要结果、有没有新的结果。

例： Su and Zhang (2008, pp. 1771)

> So far, our analysis assumes that all customers are strategic bargain hunters and may wait for end-of-season sales. To improve realism, we may also consider myopic customers, who either purchase the product at regular price or leave the market. Let φ and $\varphi=1-\varphi$, respectively, denote the fraction of strategic and myopic consumers, and we continue to assume that all consumers have valuation v.

在该文 6.4 节 (Bargain Hunters and Price Takers) 中，首先说明在主模型中考虑的消费者都是同质的策略性消费者，而实践中的消费者特征必然是存在不同的，因此考虑消费者的异质性更加符合现实。所以在拓展模型中将消费者分为两类，一类是策略型消费者，另一类是短视的消费者，探索论文的结论是否仍然成立。

例： Guo et al.（2021，Appendix B.3，pp. 11）

> In this part，we extend our model to the setting in which consumers have asymmetric valuations for the two products. We use v_i（$i=1$，2）to denote a consumer's valuation for product i. For product i，a fraction（$1-\rho$）of the consumers has the low valuation l_i，and the fraction ρ of the consumers has the high valuation βl_i（$\beta>1$）. Without loss of generality，we assume that $l_2>l_1$，that is，consumers have higher valuations for supplier 2's product than the other product from supplier 1.

在该论文的附录 B.3.（Asymmetric Consumer Valuations）中，作者放松了主模型中消费者对产品估值的同质性假设，在模型拓展中考虑消费者对产品估值的异质性对研究结论的影响。

5.4.5　参与对象的不同属性

现实中某一参与对象的属性可能有多种类型，在主模型中采用一种对论文求解分析有利或者在现实中较常用的设定。在模型拓展部分放松这种假设，采用其他的属性设定，检验结果的鲁棒性。

例： Cachon and Zhang（2006，pp. 882 and 892）

> （pp. 882）The buyer uses this component in the assembly of a product sold to consumers.（In §8.2 we assume the buyer is unable to hold component inventory，so in that case it is possible to interpret the model in terms of a buyer procuring a service rather than a physical product.）.

(pp. 892) If the buyer is a make-to-order manufacturer or a service provider, then the buyer is unable to hold buffer inventory to mitigate the consequence of slow delivery. Hence, we investigate whether the LTs and LFs perform well in this setting.

作者在正文的主模型中设定买家把配件组装成产品卖给消费者，此时买家需要持有配件库存来服务消费者。此外作者告诉读者论文将会在模型拓展部分刻画买家的另一种类型，即买家可以不持有配件库存。然后在 8.2 节（Make-to-Order Buyer）中，作者探究买家不持有配件库存的情况，并说明如果买家不持有配件库存，对问题的分析带来哪些影响。

例： Guo et al.（2021，Appendix B.2，pp. 8）

Recall that in the base model, we assume that the suppliers always obtain the same revenue (denoted as $(1-\theta)p_i$), regardless of how the products are sold. In this appendix, we extend the model by considering a different commission rate for the bundled product. Specifically, the suppliers will obtain a different revenue (i.e., $(1-\theta_1)p_i$) when the product is sold in a bundle. Note that $\theta_1>\theta$ because the bundled product should be sold at a discounted price, and the suppliers need to shoulder part of the discount due to bundling.

在该论文的主模型中，作者假设供应商对产品在单独销售和捆绑销售中得到的收益是相同的。因此在附录B.2.（Different Commission Rate for Bundled Product）的模型拓展中，作者考虑了供应商在单独销售和捆绑销售情况下得到的收益可能是不同的，即捆绑销售下供应商得到的收益也将由于价格降低而降低，探索了此属性对论文主模型结论的影响。

5.4.6 模型拓展的写作

模型拓展部分的写作要注意重点突出、详略得当。模型拓展的目的是探究主模型中没有考虑的某些因素对研究结论的影响，验证结果的鲁棒性，并探究有没有新的结论。因此，模型拓展部分的写作也要围绕模型拓展的目的展开，主要包含：（1）针对主模型的哪个假设进行拓展；（2）如何刻画新的因素；（3）新因素如何改变模型构建；（4）新因素的引入对原有结论有没有本质影响；（5）新因素的引入有没有产生有趣的新结果。在模型拓展的写作中，作者不需要把所有模型建立、模型推导、模型分析的具体细节一一展示，不需要重复展示并解释主模型中已有的结果，也不需要验证主模型中所有结果的鲁棒性，只要验证重要的结果即可。

我们以 Su and Zhang（2008，pp. 1770－1771）6.1 节（Discount Factor）的写作为例，来说明模型拓展部分的写作要点。

> Suppose that consumers use a discount factor of $\delta \in [0, 1]$ on end-of-season payoffs. Then, given that the anticipated probability of availability is ξ_{prob}, the consumer's expected surplus from waiting for a sale is now $\delta \xi_{prob}(v-s)$ instead of $\xi_{prob}(v-s)$ as before. This implies that the consumer's reservation price would be $r=v-\delta \xi_{prob}(v-s)$.

第一段内容首先表明在模型拓展中如何刻画折扣因子 δ，考虑折扣因子后对模型构建有何影响，也就是消费者的期望剩余和保留价格如何变化。

> In the centralized case, the RE equilibrium quantity Q_δ is now characterized by $\delta \bar{F}^2(Q_\delta)+(1-\delta)\bar{F}(Q_\delta)=\dfrac{c-s}{v-s}$.

Observe that when $\delta=1$ we have $\bar{F}(Q_{\delta})=\sqrt{(c-s)/(v-s)}$, which agrees with Proposition 1. On the other hand, when $\delta=0$, we have $\bar{F}(Q_{\delta})=(c-s)/(v-s)$, which is intuitive because setting $\delta=0$ eliminates the viability of the salvage market, so consumers never wait for the sale and we return to the standard newsvendor model. As δ increases from 0 to 1, consumers become more patient and the effect of strategic behavior becomes more salient: equilibrium price and quantity both decrease, as is necessary to encourage start-of-season purchases, and this leads to lower seller profits.

第二段描述考虑折扣因子后，在集中式供应链系统中，最优的决策有什么变化。折扣系数变化时，最优的价格和订货量决策如何变化以及利润如何变化。可以发现，只分析考虑折扣因子后基础模型中的理性预期均衡及性质变化，并不需要把主模型中所有的结果逐一验证。

In the decentralized case, time discounting also does not affect the qualitative nature of our results. Contractual agreements can still be used to attain the price-commitment and quantity-commitment outcomes. However, because Π_p^* is independent of δ whereas Π_q^* decreases as δ increases, increased consumer patience higher creates a bias in favor of price commitment.

第三段描述考虑折扣因子后，在分散式供应链系统中的结果变化，发现主模型的定性结果依然存在，验证了结果的鲁棒性。此外，还简要介绍了考虑折扣因子后得到的一些有意思的新结果，分析了折扣因子这个因素对利润的影响。

There are at least two alternative interpretations of the discount factor. First, the same construction above can be used to capture risk aversion. Some consumers are willing to pay a risk premium on end-of-season surplus as it involves the risk of stockouts, so they adopt a discount factor of $\delta<1$. On the other hand, risk-seeking preferences would require $\delta>1$. The second alternative interpretation of the discount factor involves estimation errors. If consumers consistently underestimate availability, we can model this using $\delta<1$; analogously, we can use $\delta>1$ to represent overestimation.

最后一段对折扣因子这个因素进行了更深层次的分析，分析在不同市场条件下折扣因子的取值差异。整体来看，作者简洁地介绍了如何进行模型拓展以及对主模型的结果影响的讨论。

5.5 本章小结

总体而言，模型和分析部分的写作旨在清晰、正确、简明、完整、有说服力、有逻辑性地告诉读者论文的研究内容、研究方法和研究结果，包括研究场景介绍、模型建立、模型求解、结果呈现与分析、模型及结果的局限与不足等。在开始写作之前，需要明确论文的写作逻辑并搭建一个清晰明了的论文架构。可以按照树形结构搭建论文模型与分析部分的框架，要注意每部分的论点清晰明确、同级结构之间以及上下级结构之间的逻辑关系。

在模型建立部分，需要清晰、简明、完整地把模型的各个要素呈现给读者。一般首先简要介绍模型包含哪些参与对象，然后详细阐述每个参与对象的特征、决策变量以及决策目标，最后介绍参与者的决策顺序。原则是简明且清晰地把模型中需要的参数按照一定的逻辑顺序一一介绍，必要时可以辅以事件流程图加以说明。

管理科学领域的研究一般是企业在现实运营过程中遇到的问题，而现实场景包含多种复杂的因素，难以用模型完全刻画出来。因此在模型建立过程中，需要对现实场景进行抽象和简化，把研究场景和各个参与对象的特征参数假定成某种具体形式，在保留主要矛盾的同时使模型尽可能简化，便于后续求解和分析。而假设的合理性是学术论文必须要遵守的一个重要原则。因此，在模型建立部分，除了要介绍各个特征参数，还需要结合企业管理实践充分解释说明每个特征参数设定的合理性。

对于一些无法得到现实案例支撑的合理假设，需要进行模型拓展分析。模型拓展的目的是探究主模型中没有考虑的某个因素对问题结果的影响，验证结果的鲁棒性，并探究有没有新的结论。因此，模型拓展部分的写作也要围绕主模型展开，做到重点突出、详略得当。

5.6 思考与讨论

1. 简述模型构建部分的写作逻辑与结构。

2. 选取一篇阅读过的经典文献，梳理其模型构建部分的逻辑结构。

3. 总结“报童模型”中用到的假设及其合理性，思考可以从哪些方面进行拓展。

第 6 章

分析与讨论

本章在第 5 章的基础上，进一步介绍如何进行管理科学论文分析和讨论部分的写作，这部分的作用是针对第 5 章中建立的数学模型进行求解和分析，来回答引言中提出的研究问题。从研究问题和论文贡献出发，循序渐进地求解模型、分析结果，提炼重要的结论，然后对结论出现的内在原因进行解释，并讨论结论的应用和推广价值。

这部分主要包含两个方面的内容，一方面是如何在正文中简明扼要地描述模型的求解和分析过程并提炼出重要的结果，让读者能够清楚模型的推导过程、理解得到的结果；另一方面是讨论结果出现的内在原因和能够为我们带来的管理启示以及结果的具体应用。首先是根据模型和问题对结果的直观解释，清楚的结果推理过程更容易让读者理解。对于一些原理性或者归纳性的理论，可以结合企业实践举例来进行说明；如果结果中出现了一些新的现象或者概念，则需要对其进行必要的定义和解释说明。除了对模型结果的直观解释，剖析结果出现的内在原因是我们从问题中挖掘管理启示的重要途径。此处的结果诠释需要遵循结果清晰、解释过程逻辑缜密、有理有据、分析透彻的原则。分析与讨论部分是管理科学学术论文的精华所在，因此也占据着主要的篇幅。下面将从结果的展示和讨论两个方面介绍。

6.1 结果展示

结果的分析与讨论部分的写作一般是依据得到结果的过程进行书写，会按照承前启后、由浅入深、因果对应、由次要到重要的顺序依次回答引言中提出的研究问题。在回答研究问题的过程中，需要简明扼要地告诉读者得到结果的前提条件（如假设）是什么、模型的求解步骤和得到结果的演绎过程是什么、结果之间的前后逻辑是什么等。

根据模型建立部分总结的树型逻辑结构图，在依次回答引言中提出的研究问题的过程中，一般通过一级标题或者二级标题来区分不同方面的研究结果。不同的章节描述不同的研究结果，包含求解过程、结果展示、结果的原因和应用的讨论等内容。前后章节有逻辑上的层层递进关系，后面章节的内容是对前面章节结果的进一步分析和讨论，需要用到前面章节的结果。读者阅读此类论文结果时，会层层深入地理解每个研究问题的求解和分析过程，最终聚焦于理解结果本身。

例如，Su and Zhang（2008）一文中有三个研究问题，分别是（1）在供应链中探究消费者策略性行为（First，we would like to develop a modeling framework to study strategic consumer behavior in supply chains.）；（2）探究消费者的策略性行为对供应链绩效的影响（Second，we would like to use this model to investigate the impact of strategic consumer behavior on supply chain performance.）；（3）在考虑消费者策略性行为时，如何更好地管理我们的供应链（The third objective is prescriptive：when consumers are strategic，how can we better manage the supply chain?）。

上述三个研究问题在逻辑上是层层递进的关系，首先第一个研究问题是描述供应链中消费者的策略性行为；然后在一个合适的模型中刻画了消费者的策略性行为之后，通过对模型的求解分析，研究第二个问题，即探究消费者的策略性行为对供应链绩效的影响；如果企业不改变原有运营策略，消费者的策略性行为必然会伤害企业，从而引出第三个研究问题，当消费者的策略性存在时，企业应该如何更好地管理其供应链。

从 Su and Zhang（2008）一文的结果分析和讨论部分的写作来看，也是按照依次回答每个研究问题的顺序展开的。首先在第 3 节（Newsvendor Model with Strategic Customers）基于集中式供应链系统的报童模型中，3.1 节（Basic Setup）引入了消费者的策略性行为，进行了基础模型的刻画，回答了第一个研究问题；3.2 节（Rational Expectations Equilibrium）对基础模型进行了求解，并与不存在消费者策略性行为的结果进行简单的对比分析，回答了第二个研究问题；3.3. 节（Value of Commitment）探究企业应该如何应对消费者的策略性行为，更好地管理供应链，分别分析了数量承诺和价格承诺两种方式的价值，然后第 4 节（Achieving Quantity Commitment in Decentralized Supply Chains）和第 5 节（Achieving Price Commitment in Decentralized Supply Chains）分别探究在分散式供应链系统中如何实现数量承诺和价格承诺，回答了第三个研究问题。

具体而言，分析与讨论部分是以回答研究问题为导向的，每个章节的写作分别围绕着回答一个研究问题展开。因此，每部分的写作顺序一般是各个参与对象的决策分析、模型求解得到最优决策和最优目标值、对最优决策变量值和最优目标值进行性质分析、为回答研究问题进一步分析讨论。由于管理科学论文最重要的价值是对管理实践中的运营问题给出管理启示或者管理建议，因此论文的写作也应该重点突出结果的分析和讨论，而尽可能简洁明了地介绍其他部分，尤其是模型的求解过程，正文中一般只会大致给出求解方法的说明，具体的求解过程会整理在附录中供读者参考。

6.1.1 参与对象的决策分析

为了帮助读者理解问题的主要矛盾，在完成各个参与对象的特征参数的介绍后，作者一般会详细分析每个参与对象的决策行为，包括每个参与对象做什么决策、做决策时考虑哪些因素、决策的目标是什么等。例如消费者的购买选择依据是什么、如何刻画消费者效用和消费者剩余，企业定价或者订货时要考虑哪些因素、目标函数是什么等。

例如 Su and Zhang（2008）的 3.1 节（Basic Setup）进行消费者和卖家的特征参数的介绍后，分别对消费者的决策问题（consumer's decision problem）和卖家的决策问题（seller's decision problem）进行了刻画。首先对于消费者，其决策是直接购买还是等待一段时间后购买（the consumer chooses the more attractive option between buying and waiting），消费者做出购买决策的依据是选择期望剩余更大的购买选项（Based on these expectations, the consumer's expected surplus if she faces an actual regular price p is $\max\{v-p, (v-s)\xi_{prob}\}$. … She will buy at price p if and only if $v-p\geqslant(v-s)\xi_{prob}$）。与此同时，作者还会对每个表达式的经济学含义给出解释和描述，帮助读者更好地理解消费者在实践中的购买决策。第二部分是卖家的决策问题，此问题中卖家的决策变量是订货量和销售价格（The two decisions are stocking quantity Q and regular selling price p.）。卖家做决策时需要考虑的因素是消费者的保留价格（Suppose that the seller expects that all customers have a reservation price ξ_r.），目标函数是最大化利润（Given these beliefs, it is clear that he will choose price $p=\xi_r$ and quantity $Q(p)=\arg\max\limits_{Q}\Pi(Q, p)$, where $\Pi(Q, p)=(p-s)E[X\wedge Q]-(c-s)Q$ is the newsvendor profit function, which has an unique maximizer.）。

6.1.2 模型求解与结果提炼

在模型求解的部分，要简明地告诉读者求解的方法和逻辑。针对常用的模型，简单描述求解逻辑即可，如报童模型、纳什博弈模型或斯坦伯格博弈模型等经典模型，不需要详细地介绍具体的求解过程，只需要把求解逻辑和决策先后顺序叙述清楚。而如果使用的模型或求解方法不是很常见，则需要尽可能详细地介绍求解过程，使得读者能够理解模型的求解方法并能够复现模型的求解。

例如 Su and Zhang（2008）的 3.2 节（Rational Expectations Equilibrium)描述了用理性预期均衡对基础模型进行求解的过程。由于理性预期均衡的求解过程不是所有读者都熟悉的，因此作者对模型的求解逻辑和过程进行了介绍，包含消费者和卖家如何通过理性预期做出最优的决策（Conditions（i)，(ii)，and（iii）assert that，under expectations ξ_{prob} and ξ_r，the seller and all consumers will rationally choose the appropriate utility-maximizing actions，as discussed above.）。此外，作者还进一步阐述了所得到的理性预期均衡和纳什均衡之间的关系（As an aside，we note that this situation can alternatively be modeled as a simultaneous-move game in which the seller sets price and quantity while customers choose their reservation prices. The reader may wish to verify that the RE equilibrium described above is indeed a Nash equilibrium in this simultaneous-move game and that there exist other pure-strategy，symmetric（among consumers）Nash equilibria. We have chosen to focus on the RE equilibrium，which is quite intuitive and helps to make explicit the deliberations of all parties.）。

基于模型求解，能够得到模型的最优决策变量值和最优目标值。通过对最优决策变量值和最优目标值的性质进行层层深入的分析，得到论文的研究结果，从而回答引言中提出的研究问题。在管理科学论文的写作中，一般会通过定义（Definition）、假设（Assumption）来对问题进行限定，用引理（Lemma）来预先给出证明定理时要用到的某些结论或理论，通过重要定理或命题（Theorem/Proposition）来声明最重要的结果，通过推论（Collorary）讨论结果的应用或意义，通过发现（Observation/Finding）来提炼数值仿真部分的结果。无论是引理、定理还是推论，都要给出理论证明（Proof）。证明过程和一些组织性描述用于清晰地揭示模型求解和结果的推导过程，一般放在附录中。下面我们先介绍管理科学论文中常用于展示结果的引理、定理、推论等的具体用法。

（1）定理（Theorem）。是论文中重要的数理化论述，一般有严格的数学证明，常用于数理性较强的研究论文。

（2）命题（Proposition）。经过证明且比较有意义的结果，但没有 Theorem 的数理性强，常用于侧重管理启示的研究论文。

（3）引理（Lemma）。通常是为了辅助后文中 Theorem/Proposition 的证明而提出的结论，可以是自己总结提出的，也可以是引用前人研究中的已有结论。有时也可以将 Theorem/Proposition 拆分成多个 Lemma 来逐步证明，以使得证明的思路更加清晰。

（4）推论（Corollary）。一般是由 Theorem/Proposition 等主要结论延伸而来的结论，一般是对 Theorem/Proposition 进一步分析或讨论得到的性质或者结果。

（5）发现（Observation/Finding）。一般缺乏严格的理论证明，是基于数值算例或者仿真的结果总结出来的结论。

此外，还有一些偶尔用到的结论呈现方式。如 Property、Claim、Note、Remark、Conjecture、Axiom/Postulate 等，这些呈现方式的使用需要我们在日常的学习和文献阅读中积累。

在上述术语中，定义解决了问题的概念范畴，一般被认为是所有理论的基础；定理和命题就是在定义的基础上通过理性的加工得到的理论延伸，它们的区别主要在于，定理的数理特性和理论高度比命题更高些；而推论是对某一定理或命题的进一步分析应用；引理是为证明某一定理或命题时所必须用到的理论结果。

例如，Su and Zhang（2008）3.2 节（Rational Expectations Equilibrium）中对理性预期均衡进行了定义，在概念层面向读者解释什么是理性预期均衡，说明了理性预期均衡需要满足的五个条件（Definition 1. A RE equilibrium（p，Q，ξ_{prob}，ξ_r），satisfies the following：(i)$r=v-(v-s)\xi_{prob}$，(ii)$p=\xi_r$，(iii)$Q=\arg\max_Q \Pi(Q, p)$，(iv)$\xi_{prob}=F(Q)$，and(v)$\xi_r=r$.）。

紧接着在论文的 3.3 节（Value of Commitment）中分析数量承诺的价值。根据对模型的求解，先提出引理 1（Lemma 1. $\Pi_q(Q)$ has a unique maximizer Q_q^*.），说明在数量承诺的模型框架下，存在唯一最优的订货量使得卖家的利润最大。基于此引理可以得到数量承诺的模型框架下最优的订货量和卖家的最优利润。然后通过对比在理性预期均衡模型框架下卖家的利润和数量承诺模型框架下卖家的利润得到本文的命题 2（Proposition 2. (i) $Q_q^*\leqslant Q_c$ and $\Pi_q^*\geqslant\Pi_c$. (ii) For fixed s and v，there exist thresholds c_l and c_h（$c_l\leqslant c_h$）such that $\Pi_q^*-\Pi_c$ is decreasing in c for $c\leqslant c_l$ and $c\geqslant c_h$. (iii) For fixed c and s，there exist thresholds v_l and v_h（$v_l\leqslant v_h$）such that $\Pi_q^*-\Pi_c$ is increasing in c for $v\leqslant v_l$ and $v\geqslant v_h$.）。展示理性预期均衡模型框架下和数量承诺模型框架下最优的订货量和卖家的最优利润的大小，以及两种模型框架下卖家最优利润差值随两个市场参数的变化情况，从而回答引言中提出的第三个研究问题（The third objective is prescriptive：when consumers are strategic，how can we better manage the supply chain? In a centralized setting，how should firms determine pricing and inventory decisions?），卖家如何更好地管理供应链以及在集中式供应链系统中公司应该如何决策价格和订货量。可以看出，引理 1 是得出命题 2 的中间过程，而命题 2 是回答论文研

究问题的主要结论。

根据以上的阐述，我们可以发现在正文中应该层层递进地对结果进行展示。然而由于论文的篇幅有限，选择哪些结果进行展示也是一个重要的问题。展示出来的结果应该是围绕回答论文提出的研究问题的、能够体现论文贡献的结果。初学者可能会一味地把模型求解的数理结果（如最优决策变量、最优目标值）作为定理/命题全部展现出来，而缺少深层次的分析（如不同模式下公司利润、消费者剩余、社会福利的大小比较、随市场参数的变化等性质）。因此，在写作之前，我们要按照先筛选、再凝练、后组织的方式对结果进行整理。在筛选时聚焦在那些有意义的、值得讨论的、可以总结出规律的、能够反映原创的结果；通过提炼、归纳和重新表述等方式对这些结果进行凝练；最后通过归类的方式按照合理的逻辑顺序，用客观的语言将其表述出来，这里用到的逻辑顺序可以是：由浅入深、从基础到应用、由次要到重要、由原因到结果等。

6.2　结果分析

分析与讨论作为管理科学学术论文的主体部分，旨在通过管理科学理论和方法的运用得到客观的理论结果，并根据理论的结果潜在的驱动力量提出可以服务于管理决策者的实践意见。而针对理论结果的分析是紧随理论结果的展示之后进行的。在进行管理科学论文写作的过程中，一方面要注重结果的展示，向读者按照研究的逻辑逐步展示自己的研究过程、方法和得到的客观理论结果；另一方面还要重点关注理论结果的总结、描述及背后的管理学意义的讨论。不同于其他学科的研究与写作，对管理科学研究结果的分析不仅要体现对结果本身的客观解读，还要对结果出现的原因进行分析以及对背后映射的管理学意义进行提炼。作者在得到的理论结果的基础上，对其结果的含义和管理学启示进行剖析的过程是研究的理论创新和实践价值的体现过程，而这些结果背后的管理学启示正是管理科学论文区别于其他学科论文的关键之处。

从管理科学论文结果分析的目的来看，得到客观的理论结果只是分析与讨论中的第一步。为了完整地展现管理科学论文的结果分析，作者应该从理论结果的概括与描述、原因剖析以及结果的管理学意义三个方面展开。在管理科学论文写作的过程中，针对结果的分析，首先要对得到的理论结果进行客观的总结与描述，重在突出新的发现，结合已有的文献或者读者的直观认知说明研究结果的新颖性；然后对理论结果出现的原因及背后的驱动因素进行分析，对与已有文献不同的结果或违反认知的结果重点分析；最后根据提出的新颖的或违反直观认知的理论结果，讨论可以指导管理实践的启示和意义，或者可以找出实践中的例子辅助说明新结果出现的原因。

虽然不同期刊、不同文献乃至不同作者研究的具体问题千差万别，但对具体研究结果的分析却可以找到相似的规律。有些结果的展示是为了得出进一步的分析结果而存在的，例如 lemma 的提出对于 theorem/proposition 的基础作用；corollary 对于 theorem/proposition 的补充作用等。对于类似于 lemma 这种理论结果的分析，作者只需要描述性说明此结果的内容，以及通过此内容的分析可以进一步得到的结果即可。而对于 theorem/proposition 和 corollary 中的结果，则需要从结果的概括描述、原因剖析以及管理学实践的讨论等多个方面展开。在管理科学论文的写作过程中，虽然这些结果分析的内容是确定的，但为了进一步凸显该研究对理论和实践的突出贡献，也为了增强该研究论文的可读性，作者一般会从某些角度对结果进行剖析：如与经典理论结果、直观认知以及传统的经济学理论的对比。接下来我们将针对这三种分析角度，从已发表的优秀期刊论文中总结常用的分析范式，并结合具体的例子进行讲解说明。

6.2.1 与文献理论结果比较

从与其他文献的理论结果比较的角度，说明新的研究因素对传统理论的影响。论文通过在传统场景中引入新的研究因素，得到与传统文献理论有差异的结果，突出新的研究因素对传统理论结果的影响。例如，在经典的报童模型中，加入消费者的策略性行为，得出的最优订货量与传统不考虑策略消费者的订货量之间的差异正是消费者的策略性行为带来的影响。在这类结果分析的过程中，除了对本文研究结果进行客观描述之外，还要突出与传统结果的不同之处，突出新的研究发现；此外，更要强调引入新的研究因素后，出现不同结果的原因，一般是从新因素的引入对各方决策主体的影响出发，分析各方的利益权衡，解释因果关系，说明其偶然性与必然性。

范式 1：分析结果时重在与经典的模型和结果相对比，突出新的研究因素对于传统问题带来的改变。首先描述经典模型及其结果的特点，再描述展示的新结果和经典模型结果的差异，并且总结原因，从理论和实践两个方面说明结果的有效性。

例. Su and Zhang（2008，pp. 1763）对于 Proposition 1 的分析

> Proposition 1. *In the RE equilibrium, all consumers buy immediately, and the seller's price and quantity are characterized by*
>
> $$p_c = s + \sqrt{(v-s)(c-s)}, \qquad \bar{F}(Q_c) = \sqrt{\frac{c-s}{v-s}},$$

解析：本文主要研究了策略性消费者的引入对供应链各决策主体的影响，并提出数量承诺和价格承诺策略缓解消费者的策略性行为对供应链的影响。展示的第一个命题是在考虑消费者的策略性行为时，制造商在集中式决策情景下的最优定价和订货量。在分析模

型时，作者首先说明与经典报童模型对比的意义以及经典模型的特点（It is instructive to compare the equilibrium price and quantity in our model with that in the classical newsvendor model, where customers are not strategic and are willing to pay their valuation v for the product（so the seller also charges v).）；接着分析经典模型结果和本文结果在价格方面和订货量方面的差异性（In terms of price, the equilibrium price p_c must lie between c and v, because p_c-s is the geometric mean of $v-s$ and $c-s$. Unsurprisingly, strategic consumer behavior forces the seller to price below v. Next, in terms of quantity, the equilibrium stocking quantity Q_c is also lower than the optimal stocking quantity Q_0 in the standard newsvendor model.）；然后分析出现这种差异性的原因是商家在面对策略性消费者时采取的限量策略（This is because the seller hopes to increase customers'willingness to pay by restricting the availability of the product and maintaining an image of exclusivity.）；最后结合现有的研究和现实的场景说明这种策略的有效性（In a related study, Liu and van Ryzin（2008）also demonstrate the effectiveness of rationing strategies. Similarly, in auctions, an increased number of bidders often induces more aggressive bidding behavior（see, e.g., Bulow and Klemperer 1996, Vulcano et al. 2002).）。

6.2.2 与主观认知比较

从与主观认知比较的角度，说明研究结果与主观认知的一致性或反直觉性。虽然论文通过引入新的研究因素得出了一些符合主观认知的结果和变化，但是在分析的过程中，往往也会出现一些令人意外的结果，得到违反直觉的结论。例如，在明确策略性消费者行为对经典报童模型的影响后，作者提出了承诺的策略来缓解策略性消费者产生的负面影响，这势必会对商家更有利，那么此结果就是符合主观认知的结果，但出现这种符合认知的结果是因为承诺策略对订货决策的影响，而这一因果关系却是一个新的发现。在对这类结果的分析中，一方面要分析主观认知的内容，肯定这些符合主观认知的结果，另一方面更要突出新的意外之喜，并且重点强调这类新结果的内容，突出结果背后带来的管理学内涵。在此过程中，需要尽可能地与实践相联系，用实践中的例子说明此结果的实用性，或者提出可用的管理学启示。

范式2：分析结果时，肯定符合认知的结果，但要着重突出这类结果背后新的发现。首先表达得出了符合认知的结果，接着呈现这种结果背后的新的影响关系，并表明此发现的现实意义，最后结合实际的例子说明该结论的有效性。

例. Su and Zhang（2008，pp. 1764）对于 Proposition 2 的分析

> Proposition 2.（i）$Q_q^* \leqslant Q_c$ *and* $\Pi_q^* \geqslant \Pi_c$.
>
> （ii）*For fixed s and v, there exist thresholds* c_l *and* c_h （$c_l \leqslant c_h$）*such that* $\Pi_q^* - \Pi_c$ *is decreasing in c for* $c \leqslant c_l$ *and* $c \geqslant c_h$.
>
> （iii）*For fixed c and s, there exist thresholds* v_l *and* v_h （$v_l \leqslant v_h$）*such that* $\Pi_q^* - \Pi_c^*$ *is increasing in v for* $v \leqslant v_l$ *and* $v \geqslant v_h$.

解析：上述结论是该论文的第二个结论，展示了商家采用数量承诺策略后，订货量和利润相较于基本模型的变化。在分析的过程中作者首先肯定了数量承诺策略对商家的利润的正向影响（Result（i）in Proposition 2 confirms our earlier statement that quantity commitment enhances the seller's profits.）；接着说明这项结果背后的发现即最优订货量的变化（This is done by committing to a stocking quantity Q_q^* that is lower than the RE equilibrium Q_C. Recall that in the RE equilibrium the seller has already restricted availability by stocking at a level Q_C that is lower than the corresponding quantity

Q_0 in the absence of strategic customers.)；随后总结突出研究对订货量的新发现，商家可以通过提供更少的产品数量来收获更多的利润（Our current result tells us that the seller can do better by limiting his available quantities even further.)；最后通过实践中的具体例子说明这种限量供应策略的有效性（Indeed，creating artificial shortages is not an uncommon practice. For instance，Zara，one of the largest Spanish fashion retailers，is well known for limiting production quantities to induce customers to pay the regular selling prices（Ferdows et al. 2004). Furthermore，popular toys and electronic gadgets routinely go out of stock every holiday season（see Wingfield and Guth 2005).)，并总结这项策略在实践中的作用（In these cases，scarcity also serves as a marketing tool in generating hype and allure，which further increases the desirability of the product.)。

6.2.3 与传统的经济学理论比较

与传统的经济学理论比较，得出不同的理论结果。通过在新的场景下，研究经典的经济学问题，得出的结果显示出与传统的经济学思想的不同，刷新对于经典结果的认知。例如，传统的经济学理论认为，在供应链的结构中，集中式的决策方式比分散式的决策更有效，因为在分散式的决策下，制造商和零售商在决策过程中会存在双重边际化效用而导致供应链整体效益变差。然而在考虑多渠道、多产品等复杂场景时，研究人员却得到了分散式供应链效率高于集中式供应链的结论。在论文的写作过程中，这一类型的结果是最能体现研究贡献和价值的意外之喜，写作过程中的层次感和逻辑性可以很容易地引起读者的注意。因此，在具体的论文写作过程中，既要突出这种惊喜结果的具体内容、展示客观的差异、表明这类结果出现的偶然性，又要突出这种偶然结果出现的原因、解释这类结果出现的必然性。最后结合管理实践，讨论此结论的管理学意义。

范式3：分析与经典理论相悖的反常结果，首先强调结果的反常性和具体表现，然后解释说明该结果的成因及影响因素，最后强调出现反常结果的范围以及管理启示的提炼。

例. Su and Zhang（2008，pp. 1766）对 Proposition 5 的分析

> Proposition 5. *There exists some* $w^* \in (c, v)$ *such that*
>
> (i) *For every* $w \in (c, w^*]$, *equilibrium total profits in the decentralized system under the wholesale price contract* w *exceed equilibrium profits in the centralized system; that is*, $\Pi_w(w) \geqslant \Pi_c$.
>
> (ii) *The wholesale price contract* $w = w^*$ *enables the decentralized system to achieve the optimal profit under quantity commitment* Π_q^*.

解析：上述结论是该论文的第五个结论，展示了分散式决策下与集中式决策下的利润对比效果，发现了一个令人惊喜的结果：即分散式决策的供应链绩效优于集中式供应链。作者首先肯定了研究中的这一意外结果（This is a surprising result: Proposition 5 (i) states that the profit of a centralized supply chain is dominated by the profits of a decentralized supply chain under an array of wholesale price contracts.）；接着解释本文的集中式决策具体模式以及这种分散式和集中式对比的通识性（In this paper, by "centralized" we mean that the supply chain is controlled by a central planner who wishes to maximize the entire supply chain's profit. It has been a customary practice to use centralized management as a benchmark to study channel efficiency in the operations and marketing literature.）；随后具体说明论文的定理传达的结果信息（Proposition 5 (i) delivers a message that the centralized optimal profit may not always be the highest possible profit that a supply chain can achieve.）；而后

说明现有的研究的一般性发现（In particular，there have been numerous studies addressing the inefficiency caused by double marginalization：i. e.，when $w > c$，the retailer orders less than the optimal quantity for the entire supply chain.）；接着通过与前人研究的对比，再次突出本文的意外发现（In contrast，we present a model in which increasing the wholesale price beyond c actually improves the supply chain's profit.）；最后解读出现这种反常结果背后的驱动因素及其重要启示（The reason is that a higher wholesale price will enable the retailer to charge a higher retail price to forward-looking consumers in equilibrium，and varying the wholesale price alters only the transfer payment between the supply chain members）。

6.3　本章小结

本章重点阐述了如何进行分析与讨论部分的撰写，本部分是管理科学学术论文的主要内容，从研究问题和论文贡献出发，层层剥茧式地求解模型、分析结果、提炼重要结论、回答引言中提出的研究问题，然后通过对结果出现的内在原因的解释讨论研究的应用和推广价值。

结果的展示要以回答研究问题为导向，每个章节的撰写分别围绕回答一个研究问题或者为回答一个研究问题所做的准备分析展开。一般按照承前启后、由浅入深、因果对应的逻辑回答引言中提出的研究问题。为了清晰地回答每个研究问题，一般会把主要结果提炼成定理、命题、引理、推论等形式。因此需要挑选有意义的、值得讨论的、反映原创的结果并用适当的形式呈现。

结果分析则主要是讨论结果出现的内在原因以及结果的具体应用。首先是解释结果，剖析结果在实践中的合理性，帮助读者从理论上理解研究结果。此外通过对结果出现的内在原因的解释，给出结果产生的原因、影响因素、与已有文献结果的相似和差异等。一般通过与已有的文献理论结果比较、与主观认知比较、与传统的经济学结果比较的方式，提炼论文的原创性结果，突出论文的贡献。

6.4 思考与讨论

1. 简述论文研究结果与管理学启示之间的联系和区别。
2. 结合“报童模型”的数理结果，简述其蕴含的管理启示。

第 7 章

结论的撰写

作为学术论文正文部分的最后一个模块，结论（Conclusion）不是对论文的主体背景与内容的简单重复，而是站在全文角度对研究内容与贡献的提炼概括和深入总结。一方面可以简单回顾全文的主要目的、内容与结论，另一方面可以解读研究结论，为管理者总结出可以指导实践的管理学建议与启示。除此之外，作者还可以结合论文的研究局限探讨此类研究的未来拓展方向。虽然不同期刊、不同选题方向甚至不同作者对结论部分的写作风格不同，但一般管理科学论文的结论应包含论文的全文总结、主要结论与管理学启示以及研究局限与展望三个部分。接下来我们会聚焦结论部分的功能与主要内容，分别分析管理科学论文结论的三个部分内容写作中包含的要件以及应该注意的事项，最后结合论文具体实例提出相应的写作建议。

7.1 全文总结

论文结论中的全文总结一方面旨在梳理作者在本研究中已经完成的工作，另一方面为接下来对主要结果的探讨与管理学启示的提出做理论铺垫。此部分内容构成明确，要注意的是：虽然此部分与引言部分的内容有所重合，但是此部分的总结并不是对引言内容的简单重复，也不是主体内容结果的简单罗列，而是在前者基础上的提炼与升华，从选题背景与研究内容的角度强调此研究的选题价值与研究意义。

本部分内容首先应从研究背景和动机出发，叙述研究对象的主要特征；然后通过构建的理论模型将研究对象以及主要因素串联；最后利用研究方法概括出研究的主要结论。在此部分的写作过程中要做到简明扼要、表达客观，并注意与引言和主体内容的呼应。通过对管理科学优秀论文结论中小结部分的梳理，我们提出以下范式，并对其可借鉴之处进行分析。

范式1：在什么背景下，本文通过什么模型（方法）刻画（研究）了什么问题，其中决策主体有何特征，做的决策是什么；在此基础上得到了什么主要结论。

例：Wu and Zhang（2014，pp. 1234）

> Motivated by the boom of offshoring/outsourcing in the past few decades and also the recent new trend of backshoring, this paper develops a game-theoretic model to study firms' competitive choice between efficient sourcing and responsive sourcing. The main findings and managerial insights from this paper can be summarized as follows.

解析：本文研究的主要是竞争环境下，企业如何进行采购策略选择的问题。作者首先利用一个从句，提出研究的背景和动机（Motivated by the boom of offshoring/outsourcing in the past few decades and also the recent new trend of backshoring）；接着通过叙述本文使用的理论模型与方法提出研究对象与问题（this paper develops a game-theoretic model to study firms' competitive choice between efficient sourcing and responsive sourcing）；最后引出主要结论以及管理

学启示（The main findings and managerial insights from this paper can be summarized as follows.）。

范式 2：在什么问题背景下，本文考虑了一个被忽视的新因素。新因素的引入对原有问题的影响是什么。我们提出何种策略来缓解新因素带来的影响，结论是什么。

例：Su and Zhang（2008，pp. 1771）

> Strategic consumer behavior has largely been overlooked in the supply chain management literature. This paper attempts to fill this gap. Our basic premise is that consumers look ahead and plan purchases with future opportunities in mind. By doing so, consumers force firms to compete against their own future selves. This can be alleviated if firms can somehow "promise" to consumers that future purchase opportunities will be unattractive: either prices will remain high or availability will be limited. However, in most situations, such commitments are not credible because firms will be better off not fulfilling these commitments at the time they become due.

解析：本文研究的是策略性消费者对供应链绩效的影响，并提出相应的承诺策略来缓解策略性消费者的影响。在小结部分，论文首先提出研究背景，并引出新的被忽略的重要因素和研究问题（Strategic consumer behavior has largely been overlooked in the supply chain management literature. This paper attempts to fill this gap.）；然后说明引入策略性消费者的影响（Our basic premise is that consumers look ahead and plan purchases with future opportunities in mind. By doing so，consumers force firms to compete against their own future selves.）；随后说明本文提出了可以减少这种影响的承诺策略（This can be alleviated if firms can somehow "promise" to consumers that future purchase opportunities will be unattractive：either prices will remain high or availability will be limited.）；最后给出了本文的研究结果（However，in most situations，such commitments are not credible because firms will be better off not fulfilling these commitments at the time they become due.）。

7.2　主要结论与管理学启示

在对论文的主要内容进行小结后，作者需要对引言中提出的研究问题进行回答，展示研究的主要结论与其蕴含的管理学启示。一般需要挑选出 3～5 个重要的研究结果，进行深入分析、解读和升华。针对管理科学论文的写作，一方面可以从文献的角度，通过与现有研究的对比来展示本研究在理论结果上的创新之处，强化研究的理论贡献；另一方面可以从实践的角度，从决策执行者的角度出发，提出切实可行的指导性建议和意见，进一步强化管理科学论文的实践价值。我们常用的内容分析与管理学启示的讨论角度有以下几个。

（1）和前人得出一致的结论，但又有了新的补充。本文通过理论分析，得出的结果不仅验证了前人的结果，检验了传统结论的鲁棒性，还从新的角度对此领域的理论进行了补充。那么除了常规的展示本研究得出的与文献一致的结论外，更应重点分析新因素的特征以及其引入对原有问题带来的革新。此处值得注意的是并非只有正面的影响能够为我们带来新的启示，负面的效果同样可以为我们提供指导，例如我们可以关注是否有新的举措能够缓解这一负面效应。除了这种理论模型上的结果展示外，更要站在决策者的角度，提出在新的时代背景下，决策者可采取的应对策略以及可行的改善措施。

（2）与传统的文献结果不同，得出了反常的结论。通过创新性的考虑了某个因素、引入了某种策略或者研究了一个全新的市场模式，和前人的文献相比，本文得出了一些不同的结论。结论的不同可能会出现两种情况：一种是和原有文献的结论完全不同，颠覆了传统文献对这个研究问题的认知。例如，传统文献认为，因为决策过程中存在双重边际化效应，供应链中的集中式决策模式要优于分散式的决策模式；但通过引入新的因素，研究发现分散式的决策比集中式决策表现要好。另一种是和原有的文献部分不一致，在新的研究中发现传统文献得出结论具有局限性，它们只会在有限的条件下存在，而在不满足这些条件时，发现了与之相反的结果。例如，通过研究发现，引入新的因素后，集中式决策比分散式决策要好这一传统的观点在特定的条件下才成立，除此之外，分散式决策可能会比集中式决策好。在与传统文献对比展示客观结果的差异后，作者还需要进一步分析产生此差异的原因，找出出现此结果的潜在驱动因素，强化研究的理论贡献；最后，还要结合新的场景、因素及策略，在模型结果的基础上，提炼可以帮助决策者的管理启示或建议。

（3）与一般的认知不同，得出了反直觉的结论。这一类的结论通常指在新的研究背景下或者引入新因素后，人们会对结果有一个直觉的预判和认知，但是通过研究之后发现结果和该直觉之间存在很大的不同，颠覆了人们对于此问题的直观认知。例如，在一个竞争市场中，供应商面临选择低成本的海外采购策略或是高成本的本土采购策略的问题。直观来看，海外采购的唯一优势是其成本较低，所以当其成本优势不存在时，供应商应该选择本土采购。然而研究发现，由于竞争者的存在，供应商依然会选择失去成本优势的海外采购。虽然这种反直觉的结论在一定程度上反映了研究的贡献和价值，但研究的目的不是为了反直觉而来。最重要的是通过分析这类看似反常的结果，找出潜在的背后的驱动因素来解释产生此结果的原因。从已知的研究因素出发，用通俗易懂的语言来解释这个看似反常现象的内在机理，使得这个结论看似反常，但又很合乎逻辑和道理。除了要从理论上解释这个结论的合理性，最重要的还要联系实践，运用现实中的例子来佐证这一类反直觉的结论，证明此结论的现实合理性，并提出具体的管理建议。

对此部分的内容描述重在剖析已有的研究结果，一方面要通过与现有的文献、人们的直观认知对比，展示论文的验证性或新颖性结论，从而强调论文的理论贡献和创新之处；另一方面则重在关注这些结果带来的管理学启示和影响。按照人们通常认知的逻辑将复杂的模型结果简单化，用通俗的语言娓娓道来，解读背后反映的可以指导生产实践的管理学启示和建议。

对于管理科学论文，学者们对主要结论以及管理学启示内容的表达上大同小异。在形式上，不同的学者可能会采用不同的呈现方式。有些会采用两段式，即先用一段话叙述所有要展示的主要结论，再用一段的篇幅一起提炼本文的管理学启示；也有些学者会根据选取展示的 3～5 条结论，逐条分段解释每一条结论的内容、发生的原因以及背后的管理学启示。鉴于此部分的难点在于每一种结论的逻辑表达、理论剖析、内涵总结以及呈现，我们接下来按照内容要件中的展示结论的特点，总结如下几种表达范式，并且结合管理科学学科中的优秀期刊论文分析作者的行文逻辑和表达。

范式 1：与一般的认知不同，得出了反直觉的结论。首先说出直觉上该问题的结果及原因，再表明本文理论分析的结果是什么以及为什么会出现该反直觉结论，最后说明此结论的研究意义及对应的管理学启示。

例：Wu and Zhang（2014，pp. 1234）

> First，we find that a firm may still choose efficient sourcing in equilibrium even when there is no cost advantage associated with it. By doing so，the firm can reduce the correlation between

its own information and the competitor's and thus dampen the competition. This finding highlights the role of information in firms'sourcing strategies, which also provides a new explanation for outsourcing. That is, in certain competitive settings, firms may outsource to a long lead-time supplier to reduce competition rather than to take advantage of low sourcing cost.

解析：本文研究的主要是竞争环境下，企业如何进行采购策略选择的问题。第一个结论是一个反直觉的结论，直观来看海外采购的优势是成本较低，本土采购的优势是市场灵活度高，但是作者研究发现当海外采购的成本优势不存在时，海外采购策略依然比本土采购策略要好。首先作者表明了自己得出的反常结论及暗指的直观结果（we find that a firm may still choose efficient sourcing in equilibrium even when there is no cost advantage associated with it.）；紧接着叙述了这种反常结果出现的原因是为了降低竞争（By doing so, the firm can reduce the correlation between its own information and the competitor's and thus dampen the competition.）；然后说明此结果的理论和现实价值，肯定了信息在企业采购策略中的作用并解释了企业选择外包的原因（This finding highlights the role of information in firms' sourcing strategies, which also provides a new explanation for outsourcing.）；最后站在企业的角度，提出了在竞争环境中管理者可以使用的采购建议（That is, in certain competitive settings, firms may outsource to a long lead-time supplier to reduce competition rather than to take advantage of low sourcing cost.）。

范式 2：验证了前人的结论，进一步补充了结果。首先要表明和前人一致的结论，然后再说明额外的有趣发现以及原因，最后站在企业的角度，提出管理学建议。

例： Wu and Zhang（2014，pp. 1234）

> Second，we conduct comparative statics analysis to investigate how the equilibrium outcome depends on the problem parameters. Our result suggests that more volatile demand，shrinking market size，and rising global commodity prices are three possible factors that contribute to the recent backshoring trend. Interestingly，all else being equal，a cost hike in efficient sourcing may benefit all firms in the industry. In other words，the rising labor and logistics costs in emerging economies may improve all firms' profits. The reason is that the cost increase may drive a firm to backshore，resulting in a new equilibrium sourcing structure that can alleviate market competition. This result，though unexpected，may bode well for the U.S. government，which is now calling for the insourcing of jobs as overseas costs rise rapidly.

解析： 此例是该论文中的第二个重要结论。产生本土采购的原因是需求的不稳定、市场的萎缩以及全球大宗商品价格的上涨。此外，研究发现在其他不变的情况下，海外采购成本的增加可能会对所有的竞争企业更有利。作者首先说明与文献一致的观点（Our result suggests that more volatile demand，shrinking market size，and rising global commodity prices are three possible factors that contribute to the recent backshoring trend.）；紧接着阐述了本文发现的有趣的结论，即海外采购成本的增加可能会使得竞争企业都获利（Interestingly，all else being equal，a cost hike in efficient sourcing may benefit all firms in the industry. In other words，the rising labor and logistics costs in emerging economies may improve all firms' profits.）；并解释了此结果出现的原因（The reason is that the cost increase may drive a firm to backshore, resulting in a new equilibrium sourcing structure that can alleviate market competition.);最后,表明这一结果的管理学启示,虽然意想不到,但恰恰解释了美国政府目前呼吁本土采购的现象(This result, though unexpected, may bode well for the U.S. government, which is now calling for the insourcing of jobs as overseas costs rise rapidly.)。

范式 3: 与传统的文献结果相比,得出了截然不同的结论。首先说出通过什么分析得出的结果,再说明这一结论与传统文献结果的差异性(或者先说传统文献对问题的结论,再说研究得出的不一样的结果),然后说明我们分析得出该结果的原因及其内在影响机理,最后说明其管理学启示或者研究的价值与意义。

例: Wu and Zhang(2014, pp. 1234)

> Third, we extend the basic model to multiple firms. It can be shown that due to the asymmetry of the firms, increasing the information correlation may benefit some firms in our sourcing problem. This differs from the findings in most existing studies where the correlation effect is found to be negative under Cournot competition with substitutable products. Furthermore, we examine the impact of backshoring on firms' performances. It has been found that backshoring will reduce competition on the cost dimension, whereas its impact on the informational dimension is ambiguous.

解析: 此例是该论文中的第三个重要结论。作者发现一个与现有文献不同的结果,新结果显示企业信息不对称时,增加企业之间信息的相关性在本文研究的采购问题中对一些企业是有利的。首先表明自己的分析结果(It can be shown that due to the asymmetry of the firms, increasing the information correlation may benefit some firms in our sourcing problem.)；然后客观描述前人的结果并指出不同（This differs from the findings in most existing studies where the correlation effect is found to be negative under Cournot competition with substitutable products.）。最后作者给出了本文得到的其他补充性结论（Furthermore，we examine the impact of backshoring on firms' performances. It has been found that backshoring will reduce competition on the cost dimension，whereas its impact on the informational dimension is ambiguous.）。

7.3　研究局限与展望

鉴于管理科学领域的研究范式，任何学术论文的数理模型都是建立在一定的假设之上的，越来越多的国际期刊要求作者在其研究论文的总结中指出本文在理论上存在的缺陷以及本文能够引领的进一步研究。一项好的研究除了可以带来新的理论结果和实践价值外，还能够提供可以研究和拓展的空间，能够为读者带来更多遐想空间，通过与新场景的联系可以拓宽研究方法的应用空间等。

一般研究的局限与未来展望会作为正文最后一段出现，作者会通过研究局限对所做的研究进行反思和自省，对研究中涉及的假设和方法进行讨论。要写好此部分内容，除了要深入分析问题外，还应该在本文研究的基础上提出未来研究的方向。接下来我们结合管理科学经典论文中的研究局限和未来展望来总结常用的范式，并给出对应的分析。

范式1： 横向的扩展，沿用现有研究思路的分析，表明可以根据此研究做很多方面的拓展。如果研究只聚焦在单一或某几个策略的有效性上，那么拓展可以关注其他平行策略。

例：Su and Zhang（2008，pp. 1772）

> Future research can extend our line of inquiry in several directions. First，this research can be extended to study the performance of alternative supply contracts（such as quantity discounts or revenue sharing contracts）in the presence of strategic customer behavior. Beyond supply contracts，it would also be interesting to study consumer contracts（such as most-favored-customer protection agreements，which promise to reimburse the difference if prices fall in the future).

解析：本文研究的是策略性消费者对供应链绩效的影响，并从供应的角度提出承诺的策略来应对策略性消费者的影响。针对研究局限和未来展望的内容，作者首先从多个角度展开，叙述有多个维度的拓展（ Future research can extend our line of inquiry in several directions.）；接着提出一个可行的拓展方向：因为本研究只研究了通过批发价合同、价格补贴合同以及回购合同的方式进行数量和价格承诺，那么可以提出未来可以拓展到其他供应合同（First，this research can be extended to study the performance of alternative supply contracts（such as quantity discounts or revenue sharing contracts）in the presence of strategic customer behavior.）；随后作者给出了第二个可拓展的方向：除了考虑供应合同，未来研究还可以考虑消费者维度的合同（Beyond supply contracts，it would also be interesting to study consumer contracts（such as most-favored-customer protection agreements，which promise to reimburse the difference if prices fall in the future).）。

范式 2：纵向的扩展，背景的深入和情境的变化。首先表明类似的研究也可以在一个新的情景下展开，接着提出可能的影响和变化，进一步展开拓展。

例： Su and Zhang（2008，pp. 1772）

> A similar analysis can be conducted in a setting with horizontal competition. In this case, how do strategic consumers influence the competitive landscape? In general, we believe that strategic consumer behavior is a fruitful research topic. Beyond supply chain settings, similar issues also arise in revenue management and in service contexts.

解析： 同样一篇参考文献，另一类拓展是可以在水平竞争的环境下研究此问题。首先提出此研究的拓展方向（A similar analysis can be conducted in a setting with horizontal competition.），接着提出可能的研究问题（In this case，how do strategic consumers influence the competitive landscape?），然后分析可能产生的影响、结果以及其他研究方向，结束全文（In general，we believe that strategic consumer behavior is a fruitful research topic. Beyond supply chain settings，similar issues also arise in revenue management and in service contexts.）。

7.4 本章小结

本章针对管理科学学术论文的结论部分进行了剖析和探讨。作为论文的最后一部分内容，结论的撰写并不是对前文研究内容的简单重复，而是站在全文的角度，对研究本身的升华。本章一方面从结论的意义出发，剖析了该部分的内容构造：全文总结、研究结论、管理学启示以及研究局限与展望。另一方面，本章总结了具体的写作范式，并结合本学科内的优秀学术论文进行了相应的实例分析。

7.5 思考与讨论

1. 简述结论部分在管理科学学术论文中的作用与特点。

2. 一篇管理科学学术论文的摘要、引言及结论部分均会提到本文的研究内容、结论和管理启示，试描述各个部分的区别。

第 8 章

图、表与标点符号的使用

图和表是学术论文的重要组成元素，图表与文字的结合能够更好地对研究内容和结论进行描述，使得研究结果更加直观、形象。而在一篇好的管理科学学术论文中，正确使用图和表来表达抽象的数理结果至关重要。此外，标点符号是贯穿论文表达与逻辑的要素，标点符号的正确使用能够帮助读者更好地理解作者意图。本章将着重介绍图与表的设计原则及在论文中的使用，以及常用的标点符号的使用方式。

8.1 图

图是学术论文中常用的辅助表达形式，是相较于文字介绍更形象化的表达方式，常用于直观、简明地展示和叙述论文的科学思想、技术方法以及论证命题等。图的正确使用可以使论文内容更加直观形象，能够精确表达作者想阐述的内容。利用图文结合的方式，可以使读者更快地抓住重点，并且对图的正确使用能够起到美化论文的作用。本小节将从图的设计原则和论文中图的适用场景出发，对管理科学论文中图的使用进行介绍。

8.1.1 图的设计原则

在论文中使用图的目的是以更简洁、生动的方式表达内容，设计美观完整并且适用于论文场景的图需要遵循以下几个原则。

（1）规范性。一张完整的图应包括编号、标题、坐标轴、图例以及单位等要素，并且同一篇论文中所有图的组成要素风格应一致。对于图片的标题放置位置不同期刊可能会有不同的要求，需要根据相关的要求进行调整。

（2）写实性。如果一张图是为了展示确切的结果，作图时需要严格忠实于原始数据和结果，不可臆造、随意添加、删除或改动数据，应保证数据和结果的真实性。

（3）自明性。即图应完整地说明想要表达的内容，也就是说，读者只需要看图的标题、图面以及图例，就可以完整地理解作者想通过该图表达的思想，无须阅读与之对应的文字表达。

（4）示意性。画图的目的是配合文字，用图文结合的方式描述难以通过语言表达的内容，因此作图时应该注意要突出主题。

同时，我们在作图过程中应该注意不能因为追求美术效果而将图制作得过于花哨，如使用不必要的阴影和立体效果。用于论文中的图应该足够清晰，我们可以通过使用 eps 格式、矢量图等方式保证图片的清晰度。此外，论文中所有的图都需要在正文中提及引用，并对其表达的内容进行解释。

接下来我们将对图的适用场景进行总结，并通过一些实例进行具体说明。

8.1.2 图的适用场景及举例

管理科学学术论文中图的使用比较广泛，并且在不同的场景下会有不同的使用方式与作用，我们将图片的一些常用的场景主要总结为以下三种，并通过实例进行详细的讲解。

场景一：用于引言中对研究背景进行补充说明，这里的图一般为现实中的场景图、可服务于背景介绍的照片或者是利用真实数据所作的趋势图等。

例：Guo et al.（2021，pp. 2273）

Bundling，a practice of marketing two or more products or services as a specially priced package（Wilson 1993），is common on online platforms under agency selling（Geng et al. 2018）. … At Booking. com，consumers can either book flight tickets and hotel rooms separately or purchase a package that consists of both products（see Figure 1 for a webpage of Booking.com）.

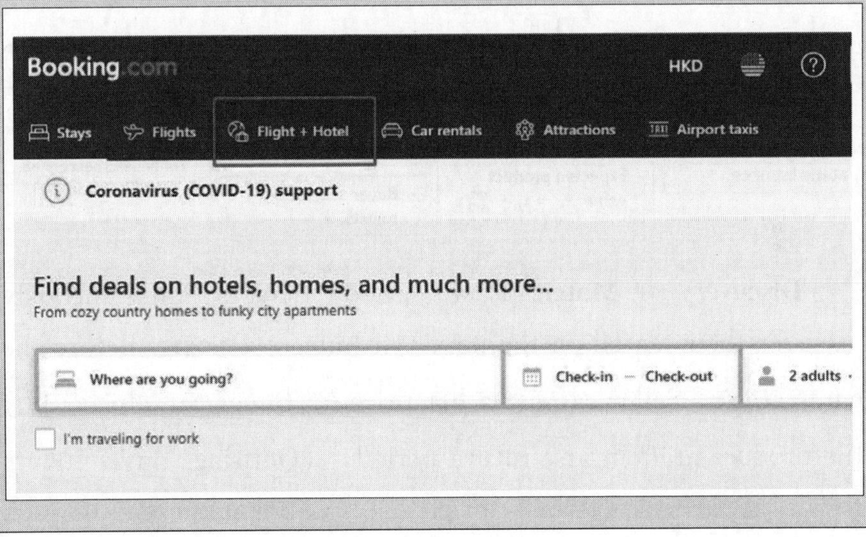

解析：该论文关注的研究内容为捆绑销售。在引言部分，论文给出了研究背景，首先第一句表明多种产品或服务的捆绑销售在现实中很常见，接下来利用一系列例子对背景进行了进一步的佐证，比如提到了在 Booking.com 平台上，消费者可以分开订购机票和酒

店或者购买包含二者的套餐，对于该实例，文中给出了来自其网站的截图，图片标题为 Booking.com 上的产品捆绑，直观地说明了图片的主要内容，并用方框标出了捆绑销售的套餐，使其更加醒目。在本例中，图片的作用是对研究背景的补充说明，使其更有说服力。

场景二：用于模型设定部分对模型结构或事件发生顺序进行说明，使得读者能够通过图直观地了解论文的核心模型，更容易理解研究内容。

例：Ning（2021，pp. 369—370）

> The game is illustrated in Figure 1.
>
> **Figure 1.** Illustration of the Game
>
> 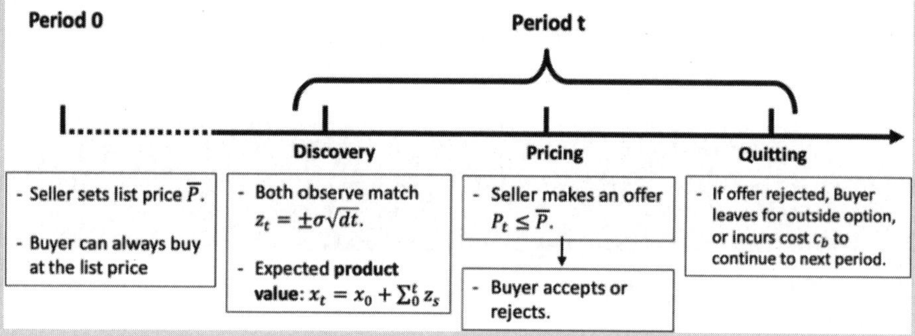
>
>
> **Discovery of Match.** Each period, players simultaneously discover their match on the next attribute. … **Pricing.** Before the game starts, Seller can set a list price $\bar{P}$. Buyer can always buy the product at $\bar{P}$ in any future period. … **Quitting.** Buyer incurs flow cost each period and can choose to quit at the end of each period. …

解析：该论文在第二节模型部分，首先在第一小节对模型进行了描述，并利用图 1 对论文的博弈过程进行了展示，图中直观地给出了模型中各参与者的决策顺序，利用箭头标明了事件的发展方向。

通过此图，读者便可以清晰地知道论文模型所考虑的博弈结构。接下来，论文用三段分别对结构中的三个步骤（Discovery，Pricing，Quiting）进行了具体的说明，通过图文结合的方式，读者可以更加明确论文的博弈模型，有助于对后文具体分析的理解。在本例中，图片的作用为展示论文的模型结构，帮助读者更好地理解论文内容。

场景三： 用于展示结果，并通过与文字的结合将只用文字难以描述清楚的结果直观地展示出来，有助于读者的理解。

例： Su and Zhang（2009，pp. 724）

Therefore, we know that the seller's profit in the no-commitment scenario converges to the profit in the commitment scenario from below as u approaches h (see Figure 2 for an example).

Figure 2　Seller Profit and Social Welfare Functions

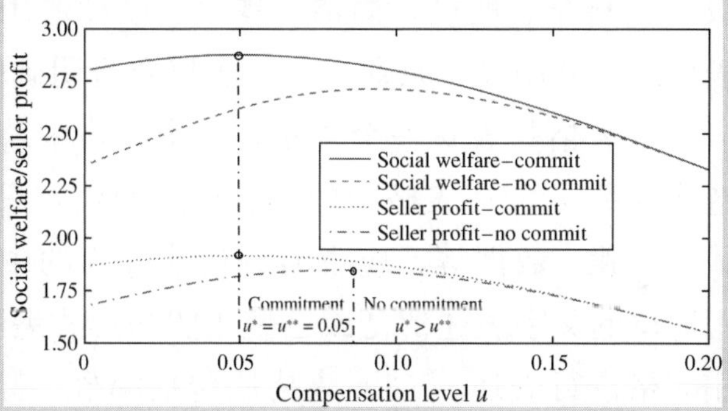

解析： 该图给出的是卖方的利润函数和社会福利函数随着参数薪酬水平 u 的增大而呈现出的变化趋势，说明卖方在无承诺情景下的利润从下方逐渐向有承诺情景下的利润收敛。图中四条曲线分别采用了不同的线形，并使用图例给出各曲线代表的情景。值得说明的是，在曲线中的一些重要节点，作者采用了竖线和空心圆进行强调并在旁边插入文字和参数取值的说明。整张图的构图简洁规范，能够达到清晰的表达效果。

8.2 表

表又称表格，作为用来表达数据与事务分类的一种有效方式，跟图功能类似，可以在论文中起到辅助说明和结果汇总的作用。表格可对需要罗列的内容采取一定的方式集中排列或组合在一起，有助于进行对比和分析。同时，正确使用表格可以起到节省版面、美化论文的效果。

8.2.1 表格的设计原则

表格的设计要科学、明确、简洁、规范，设计适用于管理科学学术论文的表格需要遵循以下原则：（1）表格要有明确的表达目的，重点要突出。一个表格只表达一个主题，一个表格中若包含多个主题，则容易造成混乱。（2）表格中的内容应该简洁，只需列出重要的现象、公式、步骤、数据等，应省略分析或计算的中间步骤与环节。（3）可用简单的文字表述清楚或已使用图的形式展示过的内容，不需要再使用表格进行表述。（4）表格应包括编号、标题、主体内容、单位、脚注等要素。

学术论文中常用的表格类型有系统表、无线表和卡线表三种。系统表常用于表现系统结构，也被称为挂线表或归类表，一般只需要利用直线或者括号将内容连贯起来。无线表，顾名思义，该表中没有任何线条，适用于内容较少、较简单的情形。卡线表为论文中最常用的形式，当内容较多较复杂时，可使用卡线表。

三线表是对卡线表进行简化后的一种表格形式，一般只有顶线、栏目线和底线三条线。三线表基本保留了卡线表的所有功能，并且更加简洁美观，因此，管理科学学术论文中最常推荐使用的表格形式即为三线表。接下来，我们将对表格在管理科学论文中的适用场景进行总结，并借助实例进行介绍。

8.2.2　表格的适用场景及举例

表格有助于进行对比分析与总结规律，并且能够比文字更直观地展示结果，但不恰当的使用可能会使得论文更加混乱。我们对管理科学论文中表格的使用场景进行了总结，并通过对实例的展示和分析做了进一步的说明。

场景一：用于引言中，通过罗列对比现实中的数据或事物对研究背景进行补充说明。

例：Ho et al.（2017，pp. 250）

Table 1. Breakdown of Affiliate Models Among the Top 20 Sales-Generating Websites

Affiliate method	2006	2007	2008	2009	2010	2011	2012
PPC	13	14	9	7	5	2	3
Coupon code	0	0	3	3	3	5	3
Cash back	2	2	2	4	5	6	7
Content/others	5	4	6	6	7	7	6

Table 1 shows the breakdown of affiliate type among the top 20 sales-generating websites in the United Kingdom from 2006 to 2012 (Swan 2011). The statistics highlight a dynamic shift in digital marketing practice, moving from ordinary methods such as pay-per-click (PPC) to the novel cash-back model.

解析：本论文主要研究的内容为在线购物中的返现策略，引言中介绍了论文的研究背景，说明了返现策略的普遍性。表 1 给出了英国排名前 20 的零售网站使用的（销售）策略类型，仅通过此表，我们可以发现随着时间的推移，使用返现策略的网站越来越多。同时，在正文中，作者对表 1 所表达的内容进行了解释：表 1 展示了 2006 年至 2012 年英国排名前 20 的零售网站使用的策略类型，统计数据突显了数字营销实践的动态转变，从按点击付费（PPC）等普通方法转变为新颖的返现模式。通过此表格以及相应的说明凸显了本文主要研究内容的重要性及意义。

场景二：用于文献综述部分，总结对比已有文献与当前研究的异同点。

例：Guo et al.（2020，pp. 1488）

Table 1. Summary of relevant literature.

Major Concern	Most relevant literature	Research gap
Operational decisions of green supply chain	Linton, Klassen, and Jayaraman (2007), Yalabik and Fairchild (2011), Hong, Chu, and Yu (2016), Niu et al. (2019a), Kuiti et al. (2019), Zhu, Zou, and Zhang (2019), etc.	These papers focus on the coordination of economic and environmental implications in a supply chain structure. We enrich this literature by incorporating the agency contract into this model, which has not been done before.
Value of different eco-label schemes	Baksi and Bose (2007), Chun and Bidanda (2013), Fischer and Lyon (2014), Heyes and Martin (2016), Castka and Corbett (2016), Murali, Lim, and Petruzzi (2019), etc.	In contrast to these eco-label studies that primarily consider self-labels and eco-labels from NGOs, our paper explicitly investigates a new type of eco-label (SPE-labels) certified by the sales platform. From some perspectives, SPE-labels are more effective than self-labels and NGO eco-labels.
Contract structure of sales platform	Jiang, Jerath, and Srinivasan (2011), Tan and Carrillo (2017), Tian et al. (2018), Song and Gao (2018), Zhu, Li, and Zhao (2018), etc.	The sales platform contract literature merely analyses sales the platforms' strategic choices between the agency contract and wholesale price contract from the economic perspective. We additionally explore the environmental implication of sales platform contract and propose a platform-led revenue sharing contract to fully coordinate the green supply chain where the coordinator is the sales platform rather than the manufacturer.

解析：该论文在文献综述中从三个方面对已有文献进行了总结分析，首先文献综述部分用三个小节对三个方面的文献进行了总结和分析。然后使用一个三线表对前面提到的重要文献进行了总结。表的标题为相关文献的总结，表的第一列为论文考虑的三个方面，第二列为每个方面对应的代表性文献，最后一列则总结了本文与现有文献之间的区别，也就是 research gap。通过此表与整个文献综述的总结，能够让读者直观地了解本研究在理论上的贡献，比单纯的文字表达更加简洁清晰。

场景三： 总结结果。当论文结果情形较多或需要对得到的数据进行罗列对比时，可用表格进行总结，使其更有条理性并便于比较得到规律。

例： Guo et al.（2021，pp. 2279）

Table 2　Firm's Equilibrium Profits When the Platform Has the Bundling Option

c_1	c_2	Π_1^*	Π_2^*	Π_R^*	Bundling strategy
if $c_1>c_n$	if $c_2>c_n$	$(1-\theta-c_1)(2\rho-\rho^2)$	$(1-\theta-c_2)(2\rho-\rho^2)$	$(2\theta+l-1)(2\rho-\rho^2)$	Bundling
if $c_1>c_m$	if $c_2<c_n$	$(1-\theta-c_1)\rho$	$(1-\theta)l-c_2$	$\theta\rho+\theta l$	No Bundling
if $c_1<c_n$	if $c_2>c_m$	$(1-\theta)l-c_1$	$(1-\theta-c_2)\rho$	$\theta\rho+\theta l$	No Bundling
if $c_1<c_m$	if $c_2<c_n$	$(1-\theta)l-c_1$	$(1-\theta)l-c_2$	$2\theta l$	No Bundling
if $c_1<c_n$	if $c_2<c_m$	$(1-\theta)l-c_1$	$(1-\theta)l-c_2$	$2\theta l$	No Bundling

解析： 该例中的表 2 总结了当平台有捆绑选择时公司的均衡利润。论文在计算结果时，得到了两个界限c_m和c_n，当参数c_1和c_2满足不同条件时，有不同的均衡结果。由于情形繁多，论文使用表格对结果进行了总结，前两列利用得到的界限列出不同的具体情形，接下来三列给出了不同情形下各决策者的均衡利润，最后一列展示了不同情形下应采取的捆绑策略。通过这种方式，将复杂的情形更清晰地展示了出来，可以直观地得知不同条件下的均衡结果，论文更有条理性，若使用单纯的文字对此结果进行描述，容易造成逻辑混乱且难以理解。

8.3 标点符号

标点符号是论文表述中重要的组成部分，正确、规范地使用标点符号不仅可以使表达清晰准确，也能起到强调某些词和表达语气的作用，恰到好处地使用往往能够达到意想不到的表达效果。鉴于标点符号的详细用法不是本书讨论的重点，本节主要针对英文学术论文中最常使用的十种标点符号的用法及注意事项进行梳理。

8.3.1 常用标点符号用法

(1) 句点。

学术论文中句点的主要用法分为两类。一是与中文中的句号"。"的使用方法类似，用在一个完整的陈述句或祈使句的结尾，表示句子的结束。二是用于单词的缩写或缩略语中，如"Mrs.""Dr."等。英文学术论文中的常见缩略语的含义及其用法详见表 8.1 和表 8.2。在这些缩略语中，句点是不可省略的，但当缩略语位于句末时，为避免出现两个句点，表示该句话结束的句点需省略。

表 8.1 常见含句点的缩略语介绍

缩略语	拉丁文全称	中文含义	英文相近单词或词组
e.g.	exampli gratia	例如	for example, for instance, such as
et al.	et alia	等人	and others, and co-workers
i.e.	id est	换句话说	that is, in other words
etc.	et cetera	等等	and so forth, and the others, and so on

表 8.2　常见含句点的缩略语用法及举例

缩略语	用法	举例
e.g.	① 用于若干例子之前，对前面介绍的内容具体地举例 ② “e.g.” 后面应接逗号	Luxury retailers... frequently offer price markdowns on seasonal luxury products, **e.g.**, high-fashion apparel, shoes, handbags, accessories such as scarves, and tickets for luxury tours and cruises. (Arifoğlu et al., 2020, pp. 1016)
et al.	① 常在列文献作者时使用，一般作者数量超过三个时，会给出第一个作者，其他作者全放在 “et al.” 里面 ② “et al.” 前面一般不需要加逗号	Agrawal **et al.** (2015) analyzed the product design and introduction strategies of a firm selling a durable product over multiple periods. (Arifoğlu et al., 2020, pp. 1019)
i.e.	① 用来进一步解释前面所说的观点 ② “i.e.” 后面应接逗号	If a luxury retailer increases its sales, that will have an adverse impact on snobs' willingness to pay and therefore decrease the retailer's profit (**i.e.**, snob effect). (Arifoğlu et al., 2020, pp. 1016) Vehicles are loaded and dispatched from the depot, **i.e.**, a warehouse or a brick-and-mortar store, to serve requests. (Voccia et al., 2019, pp. 167)
etc.	① 放在举例的最后，表示例子没有列举完 ② “etc.” 前面需要加逗号 ③ 该词相对口语化，在学术论文中不常用	Cash-back users incur transaction costs including the disutility derived from extra work throughout the reward-earning process, such as registering on the cash-back site, connecting to merchants' landing page, clicking through affiliate links, concerns with privacy and security, **etc.** (Ho et al., 2017, pp. 254)

(2) 逗号。

英语的语言表述中，逗号的用法大致与汉语中相同，其在一句话中起着停顿和分隔的作用。由于英语标点符号中没有顿号，因此表示停顿时也应使用逗号。此外，在陈述的过程中，应避免将一整段话“一逗到底”，即使用过多的逗号分隔语句导致一句话过长，使读者产生阅读压力。下面对英文学术论文中逗号的一些特殊用法给出介绍。

① 用作“串行逗号”（又称“牛津逗号”）。正式的学术写作中，在三个或更多事物的列举中，在“和”和“或”之前的最后一个项目之后需要逗号。如“To attract more cruise ships to call at their ports，local governments of many coastal cities，such as Shanghai，Qingdao，and Xiamen，have launched a variety of subsidy policies”中，在“Qingdao”之后应添加一个“,”。

② 在出现同位语、非限制性短语和定语从句时使用。在同位语前后使用逗号，用于解释说明最初名词的含义。如 Ho et al.（2017）中的“Specifically，affiliate marketing，a digital marketing where a merchant pays its affiliates for every visitor or sale brought in by the affiliates' own effort，has become a prevalent strategy for online businesses…”，用两个逗号分隔解释句子主语“affiliate marketing”的同位语，然后再接该句的谓语等其他成分。该论文中使用逗号分隔非限制性短语的例子有“Websites built simply on the cash-back concept，such as Ebates. com and MrRebates. com，are extremely successful”。使用逗号分隔非限制性定语从句的例子有“This first impact，which we call the price effect of affiliate competition，tightens the paradox constraint”。使用逗号分隔同位语、非限制性短语和定语从句，有助于读者在阅读这些句子时，直接省略逗号之间的部分，抓住句子的主干。

③ 在罗列文献时使用。在使用编号标注参考文献的论文中，两

个参考文献号之间使用逗号进行分隔，而3项及以上连续的文献号，则使用连字符“-”进行连接，如“Experimental investigations [6，8，10-13] ”。而在使用作者名及年份标注参考文献的论文中，逗号一般用于分隔不同的论文、作者或年份，如 Ho et al.（2017）中的“This paper is also related to existing studies that use discrete consumer types in the context of promotions（Banks and Moorthy 1999，Coughlan and Soberman 2005，Gerstner and Hess 1991，Gerstner et al. 1994，Iyer 1998，Jeuland and Narasimhan 1985，Lu and Moorthy 2007）”使用逗号分隔列出的多篇论文，以及 Voccia et al.（2019）中的“The most recent work on and comprehensive literature reviews of the VRPDSR are presented in Ulmer，Mattfeld，and Köster（2018）and Ulmer et al.（2019，2015）”使用逗号分隔多个作者，以及同一作者论文的不同年份。

④ 逗号在日期中的使用。在日期的表达中，在日期和年份之间需用逗号隔开，但是当未指明具体某天时，月份后不用逗号。例如“May 27，2021”和“May 2021”。

⑤ 在系列数字或符号表示中使用。表示有省略的系列数字或符号时，每一项之后均需要使用逗号。如“$i=1$，2，…，n”，而不应该写成“$i=1$，2…n”。

（3）冒号。

冒号的主要作用在于概括上文或提示下文，在英文学术论文中的常见用法如下。

① 用于一个正式的引用之前。与汉语中冒号的使用方法类似，用于直接引用他人的话，如：The professor said：“It was horrible.”

② 用于主标题和副标题中间。学术论文中经常采用主标题加副标题的形式对论文进行命名，两个标题之间以冒号分隔，副标题是对主标题的进一步补充和解释。如：“Online cash-back shopping：Implications for consumers and e-businesses”。

③ 用于引出一系列对等成分。如提出研究问题时使用如下句型“We are interested in answering the following questions：…”。

④ 用于对后面内容的介绍或解释。如“This is a hot topic：sharing economy”。

⑤ 用于 as follows、the following 和类似的表达之后。如“The steps are as follows：first，…；second，…”。

⑥ 比例符号或数字时间的表示。如“the ratio is 1∶4”。

（4）分号。

分号表示句子中的停顿，其表示的停顿强于逗号，弱于句点。如果一系列单词、短语或数据组的一个或多个项中已包含逗号时，应采用分号进行分隔。分号最常见的用法是分隔地位平等的独立子句，将两个或多个完整的句子连接成为一个单句，适用于以下情况：①关系紧密，不适合用句号；②没有连接词。如 Klapp et al.（2018）中的“Consider the case of Amazon. Its 2013 annual report shows an operational margin of just 1% on annual revenue of ＄74.5 billion；among expenditures，cost of sales accounts for the largest fraction at 73.5%，but fulfillment costs（11.6%）are also large…”。

（5）问号。

问号在英文学术论文中主要在标题和提出研究问题时使用。要注意问号应用在一个直接的问句，而不是间接的问句中。如“How will you solve the problem?”，而“I wonder how you will solve the problem.”则应使用句点结尾。在标题中使用，相对于传统的肯定语气的标题，有助于引发读者思考，提高论文的吸引力和趣味性。如“Can commonality relieve cannibalization in product line design?”。

（6）圆括号。

论文的语言表述中常用的括号是圆括号，用来表示额外的信息及简短的解释。这个插入成分可以是单词、词组或句子，但要注意的是，括号会削弱强调作用，因此如果要强调插入的句子成分，一般要使用破折号。括号在学术论文中的常见用法有三类。

① 包含表示顺序意义的数字或字母。如（1）、(i)、(I)。

② 用来表示其中插入的或附加的解释成分。需要注意的是，插入的圆括号中可以是短语、从句，但一般不是一整句话。如 Klapp et al.（2018）中的“To date，two classes of service providers have deployed SDD services：retailers offering items primarily from owned stocks（in distribution centers or retail stores）such as…”。

③ 用于列举参考文献。在叙述的正文中援引参考文献作为句子的组成部分时，括号中仅包含年份，如 Qiu et al.（2020）中的“Dogan et al.（2010）examine rebates both theoretically and empirically”；当参考文献不是句子组成部分，仅作为附加信息或支撑材料时，应将作者信息和时间一起放在括号内，如 Klapp et al.（2018）中的“A recent extension called the dynamic multiperiod vehicle routing problem with probabilistic information（DVRPP）（Albareda-Sambola，Fernández，and Laporte 2014）…”。

（7）引号。

引号的作用一般有五种：①用来表示引用的部分；②用来表示特定称谓；③通过引号的使用表示特殊含义；④用来表示反语、讽刺；⑤起到突出强调的作用。

引号分为单引号和双引号，双引号中如果还有二次引用，则使用单引号进行区分。另外，双引号在英文中常用于标明短篇出版物的标题。如：Have you read “The Old Man and the Sea”?

（8）破折号、连字符。

英文标点中短划线有两种常用形式，较长的是破折号“—”，较短的为连字符“-”。

① 破折号。在英文学术论文中常使用前后两个破折号对先行词进行解释和说明，其功能相当于句内括号，但相比于句内括号能够起到强调的作用。如 Ho et al.（2017）中“Over the years，the cash-back affiliate model—which incentivizes consumers to purchase by reimbursing them with a certain portion of the transactional amount—has received substantial acceptance among online merchants”一句中，破折号之间的部分是对先行词“the cash-back affiliate model”的进一步解释。需要注意的是，破折号不能用于分隔同位语、非限制性短语和定语从句，此时应使用逗号进行隔开。

② 连字符。连字符也用于连接两个词，在学术论文中一般用于以下情形：一是用于数词和词尾之间，如“10-fold”；二是用于合起来表示一个意思的多个词的复合，如“half-life ”“two-thirds”和“cross-link”等；三是用于两个词共同描述一个名词时，如“time-dependent performance”；四是用于含有“well”“little”和“ill”等副词的单元修饰词，如“little-known”和“well-known”；五是用于数字和度量单位构成一个单元修饰词，如“21th-century”；六是在前缀与名词、动词、形容词或副词构成复合词时，为避免出现相邻的两个字母相同或与另一个词混淆，需要使用连字符，如“non-negative”和“re-solve”（“re-solve”表示重新求解，而“resolve”表示“分解”）。

(9) 省略号。

学术论文中，省略号可以出现在句首、句中和句尾，表示单词的省略。应注意的是句尾的省略号和句号连用的写法是在底部对齐的一条直线上的四个黑点。前三个点表示省略号，后一个点表示句点。如 Qiu et al.（ 2020）中的用法：based on Accenture’s（2016）finding in a survey that only“…67% of shoppers will purchase items from different stores or websites（than their usual go to store）to get the lowest price….”。

(10) 感叹号。

感叹号用来表示一种强烈的情感，由于学术论文的客观性、严肃性和正式性，感叹号在学术论文中的使用较少。

8.3.2　容易误用的标点符号

在英文学术论文的写作过程中，常常会将中文的写作习惯带入英文写作中。常见的几种易错标点符号见表 8.3。英文中没有顿号和书名号，在使用时要分别使用句点、逗号和引号代替。中英文中省略号、破折号和表示范围的连线的形式也存在不同，需要在使用时多加注意。

表 8.3　常见中英文标点符号用法对比

中文用法	英文用法
书名号《》	使用双引号或不同字体（一般使用斜体）
顿号 、	均使用 “,”
省略号 ……	“...”
破折号 ——	“—”
表示范围的波浪线 ～	“–”

8.4　本章小结

图、表和标点符号是学术论文中重要的表述形式，规范清晰的图表能够使得论文的表述更加简洁、准确、清晰，富有逻辑性，为论文增光添彩；正确、规范地使用标点符号不仅可以使表达清晰准确，也能起到强调特定语意的作用。图、表和标点符号在使用时，都需要遵循其使用原则，才能达到期望的表达效果。

8.5 思考与讨论

1. 挑选一篇阅读过的经典文献，分析其对图表的使用方法、目的。

2. 标点符号的使用存在哪些误区，有哪些常见的使用错误？

第 9 章

论文写作中的误区举例

对于初学者或母语是非英语的研究人员来说，尽量使用地道的语言对研究成果进行表述是论文发表的一大阻碍。本章结合编者的科研经验以及收集的资料，对学术论文撰写过程中常见的误区进行了梳理，分别从常见词的使用、语言的简洁原则以及需要注意的其他事项三个方面进行举例说明。

9.1 常见词的使用

本小节整理了我们在学术论文写作过程中常犯的一些词的使用误区。我们对这些词的用法用示例的方式进行了介绍。

(1) **定冠词和不定冠词。**

在英文论文撰写时，我们经常会用到定冠词“the”或不定冠词“a”和“an”。然而，一些初学者经常混淆使用，给读者带来理解上的障碍。下面我们具体阐述它们的用法。

① 对于定冠词“the”，多用于以下三种情况：当需要特指某个人或事物时；在专有名词前面；表示某个类别或者整体。例如，“the rich”表示富人。在学术论文写作中，以下两种情况需要用“the”。第一，一般在模型构建与分析的部分需要用到“the”。因为我们分析

的是模型里具体的对象，即特指某个人或事物。比如，研究问题中有平台、零售商、制造商时，我们就可以说“the platform”“the retailer”“the manufacturer”。第二，在模型构建与分析以外的非总结性语句需要用到“the”。比如在结论部分（Conclusion），“Specifically，the threshold for **the suppliers** to set high retail prices when **the platform** has the bundling option is lower than that in the case without the bundling option.”

另外，一般论文中图和表的标题中会省略“The”，即使用或不使用“the”都是正确的，但在此过程中需要保持全文统一。例如下面的图的标题加“the”和不加“the”都是正确的：(The) Equilibrium outcomes when adopting two-part tariff contract.

最后，下面这种情况不加“the”：即用于表示时期的序列词如“Period 1”等，表示阶段的序列词如“Stage 1”等，以及表示区域的序列词如“Zone 1”等（需要指出的是，“Period 1”“Stage 1”“Zone 1”也可以写成小写形式“period 1”“stage 1”“zone 1”，但同一篇论文中需要保持统一。）。

② 不定冠词“a”和“an”的使用。不定冠词用于不特指某一个的场景，这与定冠词“the”恰好相反。在学术论文写作中，不定冠词一般用在除了模型构建与分析以外的总结性语言的部分。比如在引言中（Introduction），我们可以写“This paper studies how **a platform** should cooperate with retailers to obtain more benefits”。在总结中，“Our findings provide managerial insights about the decision of **a manufacturer** to adopt the pure reseller contract mode，the pure online marketplace contract mode，or a hybrid contract mode when interacting with the two ORPs.”。需要注意的是，“a”用在辅音音素前，而“an”用在元音音素前。

（2）**“monotonically”和“monotonously”。**

两者都有单调的意思。但是“monotonically”表示的是数学关系上的“单调”，而“monotonously”指的是“乏味的”。所以我们在表示数学关系时应该使用“monotonically”。这两个词在拼写上很相似，我们在写作时要注意区分。比如下面这个例子：

原句：“We find that the optimal market sizes of rentals and sales segments change **monotonously** as the pooling effect and the salvage value vary.”

建议：“We find that the optimal market sizes of rentals and sales segments change **monotonically** as the pooling effect and the salvage value vary.”

（3）**“and”“or”“but”。**

“and”“or”“but”这三个词虽然看起来简单，但是我们在使用时也有需要特别注意的地方。

① 这三个词属于连词，在学术论文写作中不宜在句首出现。因此，在表达相关逻辑时，我们可以用“In addition”“What's more”“Further”等词语代替。

② 当句子很长时，“and”“or”“but”前要用逗号隔开。例如：

原句：“Thus，we formulate a model that contains rentals and sales **and** makes exclusive rentals or exclusive sales two special cases.”

建议：“Thus，we formulate a model that contains rentals and sales，**and** makes exclusive rentals or exclusive sales two special cases.”

③ 当列举对象为三个或者三个以上时，在最后一个“or/and”前一般需要加逗号。例如：

原句：“… the collateral is usually finished products，semi-finished products **or** raw materials.”

建议："… the collateral is usually finished products, semi-finished products, **or** raw materials."

（4）**"obviously""obvious""easily""easy"**。

在学术论文写作中，我们应该避免使用这些词。在大多数情况下，作者对自己的研究很清楚，而读者却不一定能够很容易地理解，因此作者感到理所当然的道理在读者看来可能就不那么显然。另一方面，如果作者表达的确实是非常显然的结果，那我们可以考虑将这些结果直接删除，因为显而易见的结果一般不能作为科学研究的结论。

如果是在证明部分，即使是很明显的推导，我们也应该避免使用"obviously""obvious""easily""easy"。我们可以用"we have…""we can get…"来叙述。

（5）**"more and more"**。

"more and more"是比较口语化的表达，不宜出现在专业性的学术论文中。我们可以根据具体情况用"increasingly"等代替。例如：

原句："Recently, **more and more research** has focused on supply chain outsourcing."

建议："Recently, **research has increasingly** focused on supply chain outsourcing."

（6）**"On the one hand…On the other hand…"**。

需要注意的是，"On the one hand"与"On the other hand"一般是成对出现的，不建议单独使用。另外，这组搭配一般用来阐述某个观点的正反两个方面时使用。如果观点不是相反的两个方面，用其他词进行代替，比如"First… Second…"等。

（7）**"to some extent"**。

应该避免"to some extent"这种非正式的表达方式在学术论文写作中的使用。"to some extent"指的是"在某种程度上"，既可以指非常小的程度也可以指非常大的程度。因此，会让句子所表达的含义显得很模糊。我们应该具体解释是达到了什么程度，以使我们的表述更加清晰。

(8) **"attention" "support" "information" "literature" "notation"**。

这些词都是不可数名词，没有复数形式，谓语动词都用单数形式。尤其需要注意的是"notation"，我们经常会将其错误地写为"notations"。

(9) **"Last but not least"**。

"Last but not least"是个俚语，在学术论文写作时不建议使用。我们可以用"Lastly"进行代替。

(10) **"generally"** 和 **"in general"**。

在非正式场合，它们表示"在大多数情况下"；而在学术写作或者是数学逻辑中，它们表达的意思是"在所有情况下"。可以看出，在正式场合和非正式场合下，它们的意思是不一样的。因此，在学术论文写作中，用"generally"和"in general"进行表述的句子含义可能会不明确。

(11) **"there be"**。

撰写论文过程中，在叙述数学公式时（尤其是在证明部分），可能会经常使用"there be"来表示"我们有""我们可以得到"等含义。但在正确的逻辑中，"there be"仅表示有这个公式或逻辑，而并不代表此公式或逻辑是正确的。例如，"Because $x>1$, there is $f(x)>0$"这样的表达并不意味着 $x>1$ 时，$f(x)>0$ 成立。如果我们想要表达"因为 $x>1$，所以 $f(x)>0$ 成立"，可以用下面几个方式。

建议 1："Because $x>1$, we have $f(x)>0$."

建议 2："Because $x>1$, $f(x)>0$ holds."

建议 3："Because $x>1$, there is an x such that $f(x)>0$."

建议 4："Because $x>1$, there exists an x such that $f(x)>0$."

(12) **"some"**。

"some"在论文写作中不宜过多使用，这个词只有在强调不是

“all”时使用。而在大多数情况下，我们显然不是在说“all”（即所有情况）。因此，建议把“some”直接删除，否则会显得措辞很冗余。例如：

原句：In the following sections, we shall carry out a specific analysis using the model to **find some meaningful** results and insights.

建议：In the following sections, we shall carry out a specific analysis using the model to **find meaningful** results and insights.

（13）**“plenty of”“lots of”“a lot of”**。

这些词都表示“很多”，但是都比较口语化，不适合用在正式的学术论文写作中。我们可以用“many”或“much”来代替。例如：

原句：“Although there is **a lot of** literature researching…”

建议：“Although there is **much** literature researching…”

（14）**“noteworthy”**。

一些年轻学者喜欢用“noteworthy”来表示结论很值得关注。如果是突出一两条非常值得关注的结论，使用“noteworthy”是可以的。但是我们不能每条结论都用“noteworthy”去修饰，否则就会显得值得关注的结论没有那么“noteworthy”。因此，我们应该避免频繁使用它。

（15）**“didn’t”“don’t”“won’t”“doesn’t”**。

缩写形式只是在非正式语言中使用。当我们在学术论文写作中使用这些词的时候，不应该使用缩写形式，而用它们的全拼。

（16）**“whether”**。

我们可能会在写作中写成“whether … or not”，但其实“whether”已经包含了“or not”的含义。在口语中我们可以用“whether … or not”，但是在学术论文写作中，我们只需要用“whether”即可。例如：

原句：“Before the bid auction periods, the platform (the leader) would make her decision **whether** to accept the project and open the auction **or not.**”

建议:“Before the bid auction periods, the platform (the leader) would make her decision **whether** to accept the project and open the auction.”

(17) **“he” “she” “it”**。

为了避免啰嗦，我们有时会使用人称代词“he”“she”“it”来代表模型中的利益相关者。但是，需要格外注意的是，我们必须要首先定义它们分别代表什么，然后才能使用。否则，会产生性别歧视的嫌疑。比如，我们可以首先声明用“it”代指“platform”“he”代指“retailer”“she”代指任何一个“customer”。

(18) **“etc.”** 和 **“and so on”**。

在论文写作中，当我们在列举时应该避免使用“etc.”“and so on”。否则会使读者感觉作者很随意或者对自己的结果不太确定。当我们在列举时，可以用以下方式表达。

原句:“I like bananas, apples, oranges, **etc.**”

建议:“I like fruits **such as** bananas, apples, and oranges.”

(19) **“decision maker” “decision-maker” “decisionmaker”**。

当我们在表示决策者的时候，这三种表达方式都可以，但是同一篇论文要统一。例如:

① As the **decision maker** of product greenness, the manufacturer has stronger negotiation power.

② As the **decision-maker** of product greenness, the manufacturer has stronger negotiation power.

③ As the **decisionmaker** of product greenness, the manufacturer has stronger negotiation power.

以上三种表达都是可以的。但是如果我们选择了其中一种，那么整篇论文建议都要遵循同样的表达。

（20）**“price”** 和 **“pricing”**。

“price”表示“价格”，而“pricing”是一个动名词表示“给……定价”。当我们想表达“定价策略”和“定价决策”时，应该用“pricing strategy”和“pricing decisions”。例如：

原句：“From Proposition 1，we can obtain an intuitive conclusion for the relationship between the marginal consumers and the firm's **price decisions.**”

建议：“From Proposition 1，we can obtain an intuitive conclusion for the relationship between the marginal consumers and the firm's **pricing decisions.**”

（21）**“numerical experiment”** 和 **“numerical example”**。

在建模分析类的论文中，我们通常在模型分析完之增加一些数值算例来验证研究结论。“数值算例”应该用“numerical example”来表达。比如下面这个例子：

原句：“This finding is also illustrated by a **numerical experiment.**”

建议：“This finding is also illustrated by a **numerical example.**”

（22）**“otherwise”**。

我们通常用“otherwise”来表示“其他情况下”。但是需要注意的是，当我们在使用“otherwise”时（尤其是在“otherwise”前面有大篇幅文字叙述时），要确保读者能够清晰地知道指的是什么情况，不会产生歧义。比如下面这个例子：

原句：“…**Otherwise**，the pure components strategy dominates the mixed bundling strategy out as the optimal selling strategy.”

这句话在“otherwise”之前有一大段文字叙述（已省略），然后紧接着以“otherwise”进行结尾，使读者很难直观地理解作者指的“otherwise”这种情况具体是什么样的情况。因此，我们应该尽量给予具体阐述。

(23)**“demand of”**和**“demand for”**。

“demand of”指的是“……的要求”;“demand for”指的是“对……的需求”。我们需要注意“demand”后不同的介词所表示的不同含义。一般我们说“对产品的需求”应该用“the demand **for** the product”。

(24)**“optimal”**。

在英语中有些词本身就具有最高级的含义,所以在表达时没有比较级。如“optimal”的意思是“最优的”,本身就具有最高级的含义,所以不能使用比较级,即不能说“A is **more optimal** than B”。类似这样的词语还有很多(如“utmost”“primary”“initial”等),我们要在平时注意积累,对不确定的内容需要多查资料。

(25)**“i.e.”**和**“e.g.”**。

“i.e.”的意思是“也就是说”,而“e.g.”的意思是“例如”。要注意区分两者的含义。

9.2 语言要简洁,不拖泥带水

学术论文要在解释清楚的基础上保持语言简洁,不能拖泥带水,否则会导致论文冗长难懂。主要包括以下几个方面:

(1)**词汇不精炼。**

在英语中,一些短语可以用更简洁、更高级的词汇来替换。基于简洁的原则,我们在写作中应该尽量用更短的词汇来表达相同的含义。例如:

① 原句:“the bundling option will **be detrimental to** the platform's profit if…”

这句话的含义是“如果……,捆绑策略会伤害平台利润”。换句话说,捆绑策略会降低平台利润,因此,这里的“be detrimental to”我们可以用更加简洁的词“reduce”来进行代替。可以改为:

建议："the bundling option will **reduce** the platform's profit if…"

② 原句："**In order to** mitigate the conflict between providers and customers, a bank is introduced for lending money and optimizing the cash flow through the platform."

这里的"In order to"表示目的，"为了缓和供应商和顾客之间的冲突……"。完全可以用更加简洁的"To"来表达相同的含义。即可以这样改：

建议："**To** mitigate the conflict between providers and customers, a bank is introduced for lending money and optimizing the cash flow through the platform."

③ 原句："When the information accuracy is **up to a high level**…"

此句表达的含义是，"当信息准确度达到一个高的水平时"。此句可以一种更加简洁的方式呈现，即把"up to a high level"替换成"high"：

建议："When the information accuracy is **high**…"。

又如"The mixed bundling strategy will outperform the pure components strategy, when the valuation discount is **at a low level.**"。我们完全可以这样表达："The mixed bundling strategy will outperform the pure components strategy, when the valuation discount is **low.**"

（2）**句子冗余或多余。**

有时，我们写的一些句子对读者对论文的理解没有任何影响。这时候，基于简洁的原则，这些句子可以直接从论文中删除。比如下面这个例子：

原句："Our work lies at the confluence of three streams of literature: green supply chain management, eco-label schemes, and research on supply chain structure. **These are discussed below in further detail.**"

这段话首先说我们的工作基于三个方面的文献，然后说他们将在下面进行具体讨论。实际上，接下来就是要详细介绍三个方面的文献，有没有“These are discussed below in further detail.”这句话并不影响我们的理解与阅读。有些初学者可能会认为这句话具有过渡作用，但是，因为前后语义没有转折，这句话的过渡作用不是非常必要。因此基于简洁的原则，可以将这句话直接删除。

(3) **语义重复。**

有时，一个单词的含义已经被包含在其他单词的含义中，那么该词就没有必要出现，避免造成语义重复。

① 原句：“Summary of **the most relevant** literature.”

此句表达的意思是“相关文献的总结”。在文献综述中，按照相关性原则，我们总结出的文献就已经是最相关的文献，没有必要强调是“the most relevant”的文献。所以，这里的“most”是不必要的，应删除。

建议：“Summary of **relevant** literature.”

② 原句：“In the performance-based contract，as the leader of the game，the service platform pays incentives to obtain more market orders **so as to achieve the purpose of** obtaining more profit.”

在此句中“so as to”表示“为了”，“achieve the purpose of”表示“实现……目的”，而此目的就是“obtaining more profit”，这与前面的“purpose”重复。这里可以改写为：

建议：“In the performance-based contract，as the leader of the game，the service platform pays incentives **so as to** obtain more market orders and more profit”。

当然，参照第一条“词汇不精练”的相关表述，还可以直接把“so as to”直接换为“to”，这样不仅没有改变原意，而且语句更加简洁明了。

(4) **动词“名词化”。**

在英语中，有些动词的含义可以用其相应的名词形式的短语来表达。如动词“decide”可以用其相应的名词形式的短语“make a decision”来代替。但是在学术论文写作中，为了使语句尽量简洁，我们应该使用语义丰富的动词来代替其相应的名词形式的短语（通常和is、are、make、has、have搭配使用），所以我们建议使用“decide”而不是“make a decision”。例如：

① 原句：“The initial production cost of NEVs **has an impact on** the comparison results of output decisions in the three scenarios, which leads to the following conclusions.”

在此句中，“has an impact on”的意思是“对……有影响”，为动词“impact”的名词形式的短语。基于简洁性原则，完全可以直接用“impacts”来代替。

建议：“The initial production cost of NEVs **impacts** the comparison results of output decisions in the three scenarios, which leads to the following conclusions.”

② 原句：“If she does so, it will **be also beneficial to** the platform.”

正如前面提到的，“be beneficial to”可以用“benefit”来代替，那么此句就可以改为：

建议：“If she does so, it will also **benefit** the platform.”

9.3 需要注意的其他事项

本小节总结了一些其他需要注意的事项，具体包括：

(1) 论文中出现的经济标量（如货币）要写明单位。

在学术论文中，对于用到的统计量要写明其计量单位，对于经济统计量尤为重要。以货币为例，在标注清楚所使用的单位后，可以适当增加国际通用的货币单位进行换算，以帮助更多的读者理解论文的表达。

(2) 解释“Proposition”“Corollary”“Lemma”“Theorem”时，需要写清楚其中的数学符号的具体含义。

由于定理、推论等需要结合实践阐述为什么会得到这个结果，以及结果能带给我们什么样的管理启示，只摆出数学公式或符号并不能直观地反映现实含义。所以在对相关理论结果进行诠释时，需要用数学符号的精准含义（而不是符号本身）来表述。比如：

原句：“The firm would never obtain profit from sales if $p_s < kq_1^2$.

我们应该具体解释 $p_s < kq_1^2$ 代表什么含义以帮助读者更好的理解这一结果。即：

建议：“The firm would never obtain profit from sales if $p_s < kq_1^2$, i.e., **the sales price was less than the production cost.**”

(3) 没有对比对象时不能使用比较级。

有些初学者在没有比较对象的情况下仍然使用比较级，比如下面这个例子：

原句：“However, the effectiveness of subsidy policies is **much harder** to be estimated from the market data due to the existence of constraints and uncertainty of the regulatory environment in any emerging market.”

在此句中，使用了比较级“harder”，但是却没有比较的对象，这是不正确的。可以这样修改：

建议：“However, the effectiveness of subsidy policies is **hard** to be estimated….”

(4) 不要频繁使用同一个词。

在学术论文写作中，在准确的原则下，可适当地使句式更加丰富。因此，在同一处或者同一段应避免反复使用同一个词，否则会使句子读起来很乏味。比如在阐述“future direction”时，我们想表述某个研究方向很有趣，就不能一直用“interesting”这个词。我们可以用其他词进行替代，比如“informative”“important”“It is worthwhile to…”“promising…”等。但需要注意的是，论文中专用的名词不可以随意变换，要尽量保持统一以帮助读者更好地理解。

（5）名词修饰名词，第一个名词通常用单数。

在写作过程中，经常会用到名词修饰名词的情况，比如“market setting”“decision maker”“subsidy policies”“market segmentation”“information disclosure”等。除了某些固定搭配（如“goods train”“arms depot”等），前面的名词都需要用单数形式。例如：

原句：“With blockchain technology，self-guarantee becomes possible，but the effectiveness of self-guarantee in supply chain financing is unclear，especially in a multi-sided **markets setting.**”

建议：“With blockchain technology，self-guarantee becomes possible，but the effectiveness of self-guarantee in supply chain financing is unclear，especially in a multi-sided **market setting.**”

（6）长句中的谓语动词不宜放在靠后的位置。

如果一个句子比较长，把谓语动词放在句子靠后的位置容易给人一种“头重脚轻”的感受，不便于理解。如下面这句话：

原句：“In particular，the traditional financing strategy that Platform Undertakes Guarantee（PUG）and a new strategy with self-guarantee that Customer Undertakes Guarantee（CUG）**are studied.**”

在上例中，前面有很长的句子成分，却把谓语动词（这里是被动语态）放在了最后。这不是一个好的句子结构，将谓语提前可以给读者一个更好的阅读体验。

建议：“In particular，this paper **studies** the traditional financing strategy that Platform Undertakes Guarantee（PUG）and new strategy with self-guarantee that Customer Undertakes Guarantee（CUG）.”

（7）避免使用 **“This paper tries to…”**。

本句的意思为“论文尝试……”，但是在学术论文的写作中，我们并不是尝试去做这件事，而是已经做了，无论有没有找到正确的答案。所以需要把“tries to”删除。比如下面这个例子：

原句：“This paper **tries to propose** a modified financing strategy with blockchain technology，…”

建议：“This paper **proposes** a modified financing strategy with blockchain technology，…”

（8）避免用数学表达式或数学符号作句首。

在学术论文中以数学表达式或数学符号作为句子的开头通常被认为是不恰当的写作方式。所以，当我们以数学表达式或数学符号开头时，可以在前面加上“The parameter”“The equation”等。比如下面这个例子：

原句：“$\varepsilon \in (0, 1)$ is the variance of the market size.”

建议：“**The parameter** $\varepsilon \in (0, 1)$ is the variance of the market size.”

9.4　本章小结

本章对学术论文写作中的常见误区进行了整理，分别从“常见词的使用”“语言要简洁，不要拖泥带水”“需要注意的其他事项”三个方面进行了叙述。每小节都列举了在论文写作中常犯的错误并进行了示例和分析，这些示例既可以作为初学者的写作素材，也方便读者进行查阅，在一定程度上帮助读者避免踩到学术论文写作的“坑”，提高写作能力。本书列举的仅是学术海洋中的冰山一角，大量的经验需要研究者在日常的研究工作中积累和整理。

9.5 思考与讨论

1. 总结学术论文写作中常见的错误类型，该如何避免？

2. 结合自己的研究经历，总结其他可能存在的写作误区。

第 10 章

如何有效回复评审意见

从完成学术论文的写作到最终的期刊发表还需要经历漫长的审稿和修改过程。当论文完成后向目标期刊投稿时，需要按照目标期刊的投稿程序上传符合要求的稿件供同行评议。同行评议指的是由本领域内的多位匿名专家（一般不少于两人）组成的期刊审稿团队对投至该期刊的论文是否符合该期刊收录标准的评审。评审专家一般是匿名审稿（即他们不知道论文作者的身份），他们会根据论文的内容，从论文的选题背景、模型构建、贡献和创新之处等方面提出疑问和修改建议，并根据期刊的发表要求做出拒稿或修改（大修、小修）等推荐意见。通常一篇学术论文完成并投至目标期刊后，需要经过多轮严格的匿名同行评议及修改后方可得以发表。那么对于进入修改阶段的论文来说，经过同行评议收到评审意见后，作者需要按照同行评审专家的评审意见进行修改并做出回复。

对评审意见的逐条回复是作者与评审专家沟通的唯一桥梁。通过对评审专家评审意见的回复，一方面可以传递作者对于审稿团队意见的整体态度及论文整体修改的程度，另一方面也反映作者对每一位评审专家意见的消化程度及转化吸收程度。通过阅读作者的回复，评审专家可以对论文的贡献、创新之处以及局限性有进一步的认识，有助于对论文和目标期刊的契合性进行评判，进一步给出修改、接收发表或拒稿的推荐意见。由此可见，在多轮评议过程中，作者对评审意见的回复无论是对论文的质量提升还是论文能否成功发表尤为重要。为了实现有效的评审意见回复，首先需要对评审意见具有正确的解读方向，然后再按照评审意见的回复原则逐条对评审人的意见进行回复。接下来我们将结合投稿经历从评审意见的解读和评审意见的回复两个方面介绍如何解读领悟评审专家的意图以及对评审意见做出正确的回复。

10.1 评审意见的解读

对评审意见的解读需要站在评审专家的角度，结合评审意见对论文中存在的问题进行剖析。解读评审意见前要明确评审专家的立场，同行评审专家是本着服务本领域研究的原则承担的义务审稿，评判是基于自身对于论文表达内容的理解，建议只是针对论文研究本身提出的。评审专家在期刊审稿过程中不仅是期刊的“守门员”，帮助期刊筛选出有价值的、值得发表的研究，更是论文的指导者，帮助投稿的作者完善其研究，达到最终的发表水平。所以，作者在阅读意见时不应有敌对思想，要怀揣感恩之心，学会换位思考，站在评审专家的角度对评审团队的意见进行解读。收到评审意见后，首先应该通读每一份意见的全文，确认每一位评审专家对论文的评价态度，对论文持积极肯定的态度还是消极否定的态度；然后再针对每一位评审专家的具体意见进行解析，分析评审专家的意见是针对论文中的哪一部分提出的疑问或建议。确认评审专家是对论文选题的动机不明确、对概念的不理解、对模型中的有关假设不认可、对论文中的方法存在疑问，还是没有理解到论文的贡献和创新之处。在此基础上确认评审专家提出的修改建议的可行性，为对评审意见的有效回复奠定基础。接下来我们对常见的评审意见和建议进行分类解读，并探讨进一步的修改建议。

（1）**对研究中的假设提出疑问。**

这类问题一般指评审专家对研究中模型建立的假设条件产生疑问；或是因为认为模型中的假设比较强硬，没有考虑该假设对研究问题本身的深刻影响；或是认为模型的刻画较为片面，没有很好地刻画研究问题或是缺少了对影响问题的重要因素的考量。一般评审专家会在质疑的同时针对这类问题提出自己的建议，那么作者在回答这类问题之前可以尝试先放松原有的强硬假设，或者在原有的模型中增加考虑评审专家的建议因素。若是通过模型的推导发现问题是等同的，放松假设或增加因素对主模型影响不大，问题是等价的，那么可以在做出假设时讨论假设本身的影响，说明影响的机理，为了得出更为简练的结果做出原假设；若是通过重新推导发现此模型及原有的一些结果也相应产生了变化，但可以给出合理的解释，那么作者可以在论文中增加扩展，讨论新因素对原有模型主要结论的影响，验证主要模型的鲁棒性。

（2）**对研究的贡献和创新之处提出疑问。**

这类问题指评审专家通过对全文的阅读后，对论文的创新和贡献表示质疑。导致这种问题的原因有：作者对选题及研究动机的描述较为局限，没有突出研究问题本身的创新性和研究的价值；作者在方法论的运用上没有实质贡献且对研究结果的描述较为平淡，贡献不够突出；还有可能是作者并没有在全文中用明确的字眼概括出论文的贡献。那么为了消除评审专家的这类疑问，作者需要找出导致这类问题的具体原因，然后站在全文的角度重新思考研究的价值和创新性。一方面，可以通过在引言和结论部分概括描述研究在选题、方法或者管理实践等方面的贡献和创新来突出，也可以通过与其他现有文献对比或者联系研究的管理学启示来突出；另一方面，可以在文献综述部分通过对文献的回顾，总结该研究与已有研究的差异性，突出该研究的理论贡献。

（3）**对模型的刻画方式提出疑问。**

出现这类问题的原因可能是评审专家对研究中建立的模型本身产生了疑问，认为论文采用的模型不能很好地刻画研究问题。具体原因之一可能是因为模型本身存在问题，基于评审专家对研究的选题背景及问题的理解，模型不能刻画决策环境及决策主体之间的互动机理。例如，基于一个动态的更新过程问题，研究却用了一个静态的模型；一个多阶段的问题，研究却建立了一个一阶段或两阶段的模型；针对不确定性市场，建模中使用了一个确定的市场等。另一个原因可能是，作者对模型发生的环境描述不够系统和具体，对概念或机理的解释让评审专家发散了思维，对研究概念的理解产生了偏差。针对此类问题，作者需要理清评审专家是因为什么产生的疑问，针对具体原因进行针对性的修改。若是第一种情况，就需要先思考解决办法，一方面尽最大的可能在基准模型的基础上进行扩展，另一方面查找文献和管理实践完善研究背景，增强基准模型存在的合理性。若是第二种，就需要查清是什么原因导致的疑问。为了消除误解和理解的偏差，可以通过增加更丰富的内容来解决。例如，通过增加生活中常见的实例或者引经据典等方式，梳理概念或机理的逻辑，完善内容的表达，增强论文的可读性。

（4）**对论文中运用的研究方法提出疑问。**

这类问题是评审专家对论文求解运用的方法提出了疑问。可能出现的原因有：对方法的介绍较为简略，也没有很好地利用附录给出详细的证明，造成了评审专家的不理解；针对本文研究的问题，该研究方法不够严谨，使得评审专家对该研究方法在此问题上的运用产生了质疑，并提出了自己的看法。对于这类对方法产生疑问的问题，首先要分析此类问题的原因，针对具体原因给出有效回复。若是因为介绍过于简略，作者需要在运用此方法时，率先在正文中对此方法做必要的介绍，并且运用文献支撑的方式进一步说明此方法运用的合理性，还应该梳理附录的证明进一步补充说明此方法的实际应用。若是因为方法不够严谨，就要按照评审专家的建议，讨论可替代的方法与原方法的异同，思考这两种方法的合理性，若是错误运用则必须马上改正，若是发现这两类方法在此问题的运用在本质上是一致的，则可通过数理推导的方式来证明原文方法的合理性，消除评审专家对于此方法严谨性的质疑。当然，作者也可以直接使用评审专家推荐的方法替换原文方法。

（5）**对论文的结果解释提出疑问。**

这类问题指评审专家对论文的结果解释内容提出疑问。可能出现的原因有：作者在写作中只展示了结果及结果的描述性分析，但未对结果出现的原因以及背后的管理学启示进行分析和描述；还可能是对原因的描述和启示的整理缺乏逻辑连贯性，并没有很好地回答为什么出现这类结果的原因。这类问题主要是因为作者对结果的解释和延伸解读不够精确和彻底。要解决此类问题，首先需要分析结果本身的含义，再阐述涉及的背后驱动因素，然后从决策方现有的条件出发，联系驱动因素循序渐进地做机理分析，最后联系理论现状或管理实践详细解释对科学研究的理论推动作用或者对管理实践的指导作用。

（6）**对论文的正文格式、参数以及语言表达的建议。**

评审专家在审稿时发现了论文正文中出现的语言、参数表达、文献引用等格式或者语言的错误。对于这类具体的语言及格式问题，我们要仔细筛查问题根源，确认出现了错误后，积极认真地改正，提升论文的可读性以及严谨性。同时，可以寻求专业语言机构的帮助来消除语法错误，让表达更加专业化。

针对评审专家的审稿建议，我们在分析解读的过程中要充分理解评审专家，肯定他们对审稿工作的辛勤劳动和论文的贡献。评审专家作为评判研究论文是否达到期刊录用标准的裁判，是帮助作者完善论文的引路人，而不是为了阻止论文发表而提出质疑的拦路人。所以针对评审专家提出的疑问或建议，作者要充分自省和思考研究本身的严谨性以及论文写作过程中的规范性，认真解读和思考，尽可能按照建议修改论文，提高论文质量。

10.2 评审意见的回复

在正确解读评审专家的每一条意见后，可以制定详细的修改方案并对论文进行完善，作者需要将这些修改方案整理成文，形成针对评审意见的回信。该回信是作者对论文审稿团队评审意见的态度表达和修改方向及内容的详细描述。通过回信，评审专家不仅可以了解在此轮修改过程中作者根据审稿建议对论文的修改和完善情况，还可以通过查看其他同行评审专家的意见进一步加深对研究的理解和评估。作为作者与评审专家团队沟通的唯一桥梁，回信的目的是消除评审专家对论文的疑虑，得到评审专家对此研究的认可，从而实现期刊论文的发表。因此，对于评审专家提出的每一条评审意见，都要认真对待，逐条回复。下面本书将结合回复时遵从的主要原则以及常用的回复示例进行介绍。

10.2.1 总结性回复

在回信中，首先要注意的是对整个审稿团队的意见做总结性回复，总结作者在此轮修改中对论文做出的主要修改。因为期刊论文的评审专家一般不止一个，而不同的评审专家对论文会有不同的理解和疑问。作者通过这个总结性的回复，不仅可以让评审专家团队对作者的修改态度有更为直观的了解，还在于表达论文在此次修改的过程中从哪些主要方面做了实质性的提升。在总结性回复中，需要作者站在全局的角度，感谢审稿团队对本研究的关注和提出的宝贵建议，可以借此机会表明此次收到了审稿团队的什么修改意见

（大修、小修等），说明此次修改是否完全解决了所有评审专家提出的意见，并且通过此次修改，论文有了实质性的提升，最后列出此轮主要修改的内容以及附有针对每个评审专家意见的逐一回复。

例如：We would like to thank the review team for giving us the opportunity to improve this work with clear path and doable suggestions（one minor revision and one major revision）. All raised concerns are fully addressed in this revision and we sincerely hope the review team find the revised manuscript satisfactory. Before presenting our detailed responses，we outline the major modifications here，and hope that the revision has responded adequately to reviewers. First，… .Second，… . … ，Last，… .

10.2.2　针对评审意见逐条回复

作者在提交修改稿时需要对每一位评审专家的每一条意见给出回复。对于逐条列举意见的评审专家，只需要按照评审专家的分条规则逐条回答；对于大段意见的评审专家，可以将评审专家的意见分割成不同的条目来回复。但切忌把评审专家的多条意见按照自己的理解进行整合，因为自己整合的结果与评审专家的本意可能有偏差，导致无法有效回复评审专家的意见，进而导致论文最终不能发表。

在对评审专家的意见进行逐条回复前也应该有一段总体的回复，来感谢评审专家提出的问题以及提供的宝贵机会，表明论文已按建议进行修改并解决了专家提出的所有问题。在接下来对于评审意见的逐条回复，一般用 Comment 1，2，3 来对评审专家的意见进行编号，并用 Response 来标明是作者对于此条意见的回复。例子如下：

Comment 1：*In the first paragraph of the Introduction section*，…

Response：Thank you for your suggestion…

Comment 2：*In the supply chain this paper studied*，…

Response：Thanks for your helpful suggestion…

10.2.3 正面回答问题

在针对评审专家的意见做出具体回复时，要在明晰评审专家提出问题类型的基础上，正面回答评审专家提出的问题，要在读懂评审专家问题的基础上，按照评审专家的问题逻辑，直接回答他提出的问题，消除他的疑问。例如，评审专家提出对假设的不同看法，并基于这个看法提出了模型修改的建议，那么在回答时，首先要评判评审专家提出的观点是否合理。如果合理，需要感谢评审专家的建议，并且同意他的观点，按照修改的逻辑说明我们做了拓展或者说原文中已经考虑了，怎么考虑的等；如果不合理，那需要评判哪里的表达让评审专家产生了误解，针对此误会表示歉意并进行针对性的进一步说明，消除误会。例如，评审专家认为某个概念或者结论解释的不充分，在回答时可以首先肯定评审专家提出的宝贵意见，然后说明为了增强可读性，正文中补充了对内容的说明和结论的解释等。

例如笔者在投稿过程中的意见和回复：

Comment X：*More explanations about managerial insights are needed because the conclusion section is mainly about the findings of calculation and analysis.*

Response：Thank you for your valuable suggestion. In the Conclusions section，a new subsection is created with explaining the managerial implications and insights of the paper…

评审专家的这个意见指出作者对结论的内容缺失，结论中只有大量的数学结果，而管理学启示的解释内容缺乏，笔者在回复的过程中，首先感谢并肯定了评审专家提出的意见（Thank you for your valuable suggestion.）；然后阐述了在论文中如何进行了修改：在结论部分增加了一个小节来重点解释论文的管理学启示和见解（In the Conclusions section，a new subsection is created with explaining the managerial implications and insights of the paper）。

10.2.4　注明修改的具体位置

在对所有的问题回答以及修改逻辑说明之后，要简洁明了地告诉评审专家针对他提出的意见，在论文的正文中做了哪些相应的修改，标明具体的位置，并将正文相应的修改内容进行标注（如底纹、高亮、颜色等），方便评审专家再次审阅。不能长篇大论地写一些与意见相关性不大的内容，也不要盲目地把正文的修改完全复制到回信中。针对一些重要概念的解释或者因素的讨论修改，若是篇幅不长，可全部放在回信中。

例如笔者在审稿过程中的意见和回复：

> **Comment X**：*In the supply chain this paper studied，the manufacturer produces two similar products and sells them through two different platforms. The author had better provide a real case in the Introduction.*
>
> **Response**：Thanks for your helpful suggestion. We think our presentation misleads you here. Our intention here is… To eliminate the confusion，we replace the word “similar” with “substitutable” in the revised manuscript（please see Page 7）. In this case，all examples given in the Introduction（Page 2）will support this setup.

评审专家认为在本文所研究的供应链中，制造商生产两个相似的产品，并通过两个不同的平台进行销售。希望作者在引言中提供一个真实的案例增强研究背景的现实性。在回复中，作者首先感谢了评审专家的建议，并对让评审专家产生的误解道歉（We think our presentation misleads you here. Our intention here is….）；随后重新解释了研究背景，标明了修改内容的具体位置（To eliminate the confusion，we replace the word "similar" with "substitutable" in the revised manuscript（please see Page 7).）；然后按照评审专家的建议提供了现实的例子并标明了具体的位置（In this case，all examples given in the Introduction（Page 2）will support this setup.）。

接下来我们根据笔者的投稿经历和收到的评审意见，逐一介绍回复评审专家的部分原则以及对上述提到的不同评审意见的回复范式。

10.3 回复范式及实例分析

范式 1：直接吸纳评审专家的建议。

如果评审专家针对特定的研究内容提出了明确的修改建议，例如，评审专家认为作者应该考虑某个因素对研究的影响或者应该提供现实的场景和例子说明研究的选题和结果的解释等。这种情况下作者应该直接接受评审专家的建议，对研究内容进行修改，或对主模型进行修改，或进行模型扩展，或提供补充的文献和实例材料等。

例：(a) 评审意见是文献回顾中缺乏与前人文献异同的分析。回信要告诉评审专家已经增加了这部分内容，具体在正文的什么位置。

Comment X：*The literature review just simply lists the work of each literature，lacking a comparative analysis of the differences between the literature，such as paragraph 2 on page 4.*

Response：Thanks for your valuable comment. We have reorganized and rewritten the Literature Review section with comparative analysis of the cited papers. Details please see Pages 4 - 6.

（b）评审意见是说结论部分只包含了数学分析的结果而缺乏管理学启示的解释。回信中告诉评审专家增加了管理学启示的内容，具体在正文的什么位置。

Comment X：*More explanations about managerial insights are needed because the conclusion section is mainly about the findings of calculation and analysis.*
Response：Thank you for your valuable suggestion. In the Conclusions section，a new subsection is created with explaining the managerial implications and insights of the paper. Details please see Section 6.1 on Pages 24 - 25 in the revised manuscript.

范式 2：详细解释说明。

针对评审专家对研究中的概念、公式、研究动机不清楚，与已有文献的差异不清晰，管理启示没有很好地提炼，以及数理结果背后的原因没有很好地解释等意见，作者需要在正文中给出详细的解释说明。在写回复时，首先要对让评审专家产生了疑虑表示歉意，然后正面直接回答评审专家的问题，按照一定的逻辑来引用文献或者实际例子解答评审专家的疑问，最后说明为了有助于增强论文的可读性，作者在正文的哪一部分哪一页（段落）做了怎样的修改。

例：（a）评审意见是一个表达式解释不清晰。回信要告诉评审专家已经对相应的表达式进行了解释，具体在正文的什么位置。

Comment X：*How did Eq.（2）get on page 7? Please explain what it means.*

Response: Thank you for your suggestion. A thorough explanation is now provided to help the readers to get a better understanding of the demand function (i.e., Equation(2)). Please see Page 10 for details.

(b) 评审意见是需要解释某企业的具体案例及其市场努力如何影响消费者效用。回信中告诉评审专家已经给出了相应的解释说明，具体在正文的什么位置。

Comment X: *Page 2: It is required to provide some solid justification for "the Green and Environmental Week" of Macalline to show how market effort influences consumer utility.*

Response: Thank you for this kind suggestion. Necessary justification for "the Green and Environmental Week" of Macalline is now provided as a footnote. Please see Page 2 for details.

(c) 评审意见是需要解释代理合同、批发价合同、供应链协调合同之间的关系。回信中告诉评审专家为了更加清晰地说明上述三种合同之间的关系，正文中给出了每个合同的事件序列图，并在第5节中进行了详细讨论。此外，在回信中还简明地告诉评审专家三种合同的具体区别是什么，帮助评审专家理解。

Comment X: *In this paper, supply chain coordination is specially studied in a section. Then the agency contract and wholesale price contract are also one kind of supply chain coordination contract. What is the relationship between them?*

Response: Thank you for this comment. To give a better understanding about the relationship among the agency contract, wholesale price contract, and supply chain coordination contract (i.e., the platform-led revenue sharing contract), the revised manuscript gives a figure of event sequences of each contract and a thorough discussion in Section 5. For details, please refer to Page 11.

The main relationship among these three contracts is as follows: both the agency contract and wholesale price contract provide decentralised equilibria; while the platform-led revenue sharing contract results in full channel coordination performance, i.e., it brings an improvement compared with the agency contract and the wholesale price contract. To be specific, both the agency contract and the wholesale price contract provide decentralised equilibria for the supply chain, but neither of them can provide perfect performance, from either the profitability or environmental perspective, for the integrated supply chain. Consequently, we try to design an autonomous coordination contract to improve the supply chain performance from both the profitability and environmental perspectives, that is, the platform-led revenue sharing contract.

范式 3：增加讨论或拓展。

关于对模型的建立存在质疑的评审意见，需要在已有的研究基础上做模型的讨论或拓展。例如放松模型的某个假设来检验结果鲁棒性、增加论文研究的策略对消费者或者社会福利影响的分析、在一个新的模式或场景（如新的销售渠道、采购策略、库存策略等）中分析结果等。对于这类意见，在写回复时首先要感谢评审专家提出的宝贵意见使论文更加完善，然后告诉评审专家已经按照他的意见做了哪些讨论，得到了哪些结果，具体的修改出现在正文的哪一个具体位置。如果从理论上对评审意见进行具体分析难以实施，也需要如实相告，告诉评审专家由于哪些具体的困难导致没有按照建议进行修改，同时为了消除评审专家的疑虑，做了哪些替代性分析，充分解释说明没有按照意见修改的原因以及替代性分析的有效性。

例：(a) 评审意见是增加方法论的章节，更好地介绍斯坦伯格博弈模型及其使用。在回信中，告诉评审专家我们按照建议增加了方法论的章节，并简要介绍方法论章节的主要内容。

Comment X: *The most important of these is the issue of the use of the Stackelberg game. I have no problem with its use per se. However, throughout the paper there is no attempt either to explain what it is (which could be easily done with some appropriate references), or, more importantly to justify its use. As I previously argued, this matter could be dealt with by the inclusion of a Methodology section. This would provide the relevant place to describe the Stackelberg game (with relevant references) and to justify its use. This would best be done by reference to other relevant studies that have made use of this approach. Indeed, the authors have done this in their Responses to Referees' Comments. So, it ought to be relatively straightforward to transfer this to the paper itself.*

Response: Thank you for this insightful suggestion. Following your suggestion, we add a methodology section to explain the Stackelberg game and justify the rationality of its application for studying this research question. In this methodology section, we introduce the application of Stackelberg game in the literature and discuss how to solve the model by backward induction. Furthermore, we justify how to study the interactions among the sales platform, the manufacturer and consumers in the green supply chain by Stackelberg game. Finally, we define consumer utility and how it relates to the green supply chain in our paper. Details please see Page 9.

（b）评审意见是文中的一个重要假设需要详细的解释说明来佐证其合理性，质疑这个假设不一定合理。回信的内容是首先在主模型部分重新给出了解释说明来佐证此假设的合理性，然后在论文的拓展部分增加了一节内容，放松了这个假设来验证结果的鲁棒性，告诉评审专家修改的部分具体在正文的哪些位置。

Comment X：*The role of the first assumption is very important throughout the whole paper. In the first assumption, an inequality* $1>p$ *is given from the perspective of time normalization with some detailed explanations, yes, it's absolutely correct. But its reasonable is still questionable. The reason is as follows.*

For a person who wants to buy a car, he has to bear the cost of the purchasing car alone, but for cars used for rental, there will be many renters throughout its whole available life cycle. Therefore, there is a conflict of concept about "consumer" in this paper. Namely, one person is viewed as a consumer in the selling channel, and a group of people is viewed as a consumer in the leasing channel. How to treat the same person as a consumer in your all models? Is this inequality relationship still valid? Please addresses those questions.

Response：Thank you very much for raising this concern. First of all，in order to better clarify the concept of consumer and explain the rationality of the assumption $1>p$, we rewrite the explanation of the first assumption and define the difference between the consumer who buys and the consumer who leases. Please see Page 8 for details. In addition，we relax the assumption $1>p$ in Section 5. 3 to discuss how the results would change if $1<p$ and $e_1<e_p$. Please see Page 21 for details.

范式 4：简单回复。

对于一些比较小的问题，如语法错误、书写错误、表达错误、增加某篇参考文献等细小的问题，直接在正文中修改，然后在回信中告诉评审专家已经进行了修改即可。

例：(a) 评审意见是图的标题大小写应保持一致。回信告诉评审专家已经对图的标题进行检查并保持一致即可。

> **Comment X：***Note that the capitalization of the graphic title description should be uniform, such as Figure* 2 *and Figure* 3, *etc.*
>
> **Response：**Thank you for pointing this out. The capitalisation of all graphic titles is now consistent.

(b) 评审意见是文中具体的书写错误。回信评审专家已经进行了修改即可。

> **Comment X：***Page* 2, *Line* 42：*"in conjunction with" should be "cooperate with". Page* 3, *Line* 22：*"he" should be "it". Page* 8, *Line* 40 *and Line* 57：*"maximizing" should be "maximize".*
>
> **Response：**Done.

10.4　本章小结

本章从评审意见的解读、回复以及具体的回复范式和实例分析等方面对如何在论文修改中有效处理评审意见进行了探讨。要写好评审意见的回复信，首先要理解评审专家的"守门员"特征以及回复信的"桥梁"作用。评审专家是期刊的"守门员"，把关投稿论文的质量；评审意见是评审专家对论文的意见或建议反馈，而评审意见的回复信则是论文作者与评审专家之间沟通的“桥梁”。在拿到评审意见后，首先要对具体的评审意见进行解读，找到审稿人提出问题的原因；然后针对具体的评审意见逐条回复。此外，本章结合笔者的研究经历向读者展示了常用的回复范式及其分析。

10.5 思考与讨论

1. 评审意见一般有几种类型？简述不同类型评审意见的回复技巧。

2. 结合自己的研究经历，分析投稿过程中遇到的评审意见类型，并按照相应范式撰写回复。

第 11 章

论文写作实例解析

通过对本书前十章内容的学习，我们从论文各个章节对管理科学学术论文写作的要点和注意事项等进行了详细剖析。本章将通过对一篇优秀论文的通篇解读来总结本书的内容。本章案例选自发表在 UTD24 期刊之一 *Manufacturing & Service Operations Management* 上的论文"Information Sharing on Retail Platforms"（零售平台上的信息共享）。为方便分析，我们用带括号的数字对论文中的每个段落进行标记，并用带圈的数字对段落内的句子进行标记。

11.1 标题、摘要和关键词

(1) 标题。

Information Sharing on Retail Platforms

解析： 本文标题采用的是标题写作范式 1 关键字组合的形式，以从属关系对两个关键字进行组合，点明研究对象是零售平台（Retail Platform）上的信息共享（Information Sharing）。由于本文研究的问题较为新颖，并且是第一篇系统研究这一问题的论文，因此作者采用这一简短且有力的标题。

(2) 摘要。

- **Problem definition**: This paper studies the information-sharing strategy for a retail platform on which multiple competing sellers distribute their products.
- **Academic / practical relevance**: Because of the rapid growth of retail platforms in recent years, information sharing has become an increasingly important issue because retail platforms can gather an enormous amount of consumer information that may not be visible to the sellers. Understanding how to share such information with those sellers will provide useful implications from both the theoretical and practical perspectives.
- **Methodology**: We develop a game-theoretic model where multiple sellers engage in Cournot competition on a retail platform by selling substitutable products, and the platform charges a commission fee for each transaction. The platform owns superior demand information and can control the accuracy level when sharing the information with the sellers.
- **Results**: We find that the platform has incentives to share the information, and such sharing is beneficial both to the platform and to all sellers. Under the asymmetric information-sharing format, the optimal strategy for the platform is to select a subgroup of sellers and truthfully share information with them. Under the symmetric sharing format, the platform must use the same accuracy level and the same set of information for all sellers, and thus has incentives to reduce the accuracy of the shared information. Moreover, we identify a simple pricing mechanism that can achieve the optimal information-sharing outcome.

- **Managerial implications**: This research highlights the importance of considering the impact of information sharing for a retail platform with competing sellers. It also proposes a simple, single-price mechanism to implement the optimal sharing strategy. These results could provide useful guidelines for platform managers to better design their information-sharing services.

解析：本文在 *M&SOM* 上发表，该期刊要求提交结构性摘要，分别从研究问题定义、学术或实践相关性、研究方法、研究结果、管理启示等方面进行阐述。

（3）关键词。

information sharing, retail platform, pricing mechanism, platform operations

解析：本文共有四个关键词，均与研究对象和研究特征相关，分别为研究对象：零售平台（Retail platform）的信息共享（Information sharing）；优化目的：定价机制（Pricing mechanism）；所属的研究领域：平台运营（Platform operations）。

11.2 引言

该论文研究的是零售平台上的信息共享问题，引言部分共 12 个段落，从论文研究背景、研究问题、研究方法、研究结论、管理启示以及全文结构六个方面进行叙述，着重向读者阐述平台信息共享的重要性，理论和实践上的研究意义，以及论文得到的重要研究结论。

第（1）段通过说明线上平台的重要性，阐述研究背景，点明研究对象；第（2）段和第（3）段通过与实体店铺的对比，聚焦到更具体的平台需求信息共享问题上，点明实践和理论的不足，引出研究问题；第（4）段和第（5）段介绍了论文的研究问题和场景；第（6）段和第（7）段阐述了论文的研究方法；第(8)(9)(10)(11)段给出了论文的研究结论和管理启示；第（12）段为全文的结构说明。接下来我们分段进行详细的说明。

（1）①“Platforms are eating the world.” Parker et al.（2016, p. 46）brought up the slogan as an update to Netscape founder Marc Andreessen's vision：“Software is eating the world”（Andreessen 2011）. They think the new omnivore is really “the platform”：the digitized，open，and participative business models creating commercially connected ecosystems of producers and consumers（Manville 2016）. … ②For example，Alibaba Group is a Chinese online retail platform whose gross merchandise value has surpassed USD 485 billion as of 2016. This makes Alibaba the world's largest retailer，overtaking Walmart，which posted revenues of 482.1 billion USD for the same year（Lim 2016）.

解析：本段通过说明平台的重要性阐述了研究的大背景。①引用了一句话“Platforms are eating the world”，并对其进行了一定的解释，从而引出了平台的快速发展趋势以及普遍性。②利用阿里巴巴的例子进一步说明了平台的发展现状。

（2）①Compared with traditional brick-and-mortar retailers，online retail platforms are able to gather more information from customers' engagement and virtual footprints，such as customer browsing history，on top of the traditional sales data. … ②For example，in addition to the sales information，retail platforms often own the clickstream data of each seller，which the sellers may not be able to observe. …

解析：①阐述了在线零售平台相对于传统实体零售商拥有更丰

富的信息。②举例说明了在线零售平台能获取除销售信息外的其他信息，比如顾客的点击流信息。

（3）① This additional information can help the sellers make better operations decisions. ②The literature has proven in multiple settings that clickstream data are useful in predicting consumers' purchasing behavior on top of the sales data and, in turn, making better operations decisions, such as inventory replenishment or pricing. For example, Moe and Fader (2004). … Likewise, Montgomery et al. (2004). … Huang and van Mieghem (2014). … ③ Moreover, competitors' data are also very useful in predicting market demand. ④One of the major operations decisions of e-commerce platforms, such as Alibaba, is to match products to each individual customer, a system often referred to as a recommender system. …For example, Feldman et al. (2018) document that Alibaba uses data from all sellers when designing the recommendation engine. This means that, even for forecasting a particular customer's demand for a specific product, knowing the data from all sellers would greatly help to enhance accuracy.

解析：①说明了这些额外的信息对卖家运营决策有帮助。②利用已有文献佐证点击流数据对预测顾客购买行为的作用。③声明了竞争者的数据对预测需求也是有用的。④利用阿里巴巴的例子对之前的阐述进行佐证和说明。

（4）A natural question for the platform is whether and how to share its proprietary information with the sellers. …

解析：直接说明了第一个研究问题，即平台是否应该跟卖家分享信息。

（5）①Despite the fact that practitioners have experimented with various information-sharing strategies, there is little research about the optimal way for a retail platform to share information with sellers. Haphazard information sharing may intensify competition and cause undesired outcomes, which can be detrimental to both the sellers and the platform. ②Therefore, it is crucial to understand the impact of information sharing between the platform and the sellers and characterize the optimal information-sharing strategy for the platform.

解析：①提出了研究平台与卖家信息共享的文献较少，接着在②用 Therefore 开头引出了第二个研究问题，即平台与卖家之间信息共享的影响及最优的信息共享策略是什么。

(6) ①To obtain a better understanding of the above questions, we develop a game-theoretic model where multiple sellers distribute substitutable products through an online retail platform and engage in Cournot competition. ② The sellers face a common demand uncertainty in the market and have their own prior beliefs about the demand uncertainty. ③ The platform can collect demand signals based on customer interaction data that are not observable to the sellers. ④ In our model, the platform engages in revenue-sharing contracts with the sellers, and its objective is to maximize its expected profit by deciding whether and how to share information with each individual seller.

解析：①直接说明了总体的研究方法，即通过一个博弈模型对以上研究问题进行分析。②和③分别说明了卖家与平台的一些特性，而④给出了模型的一些基本设定。

(7) Specifically, we focus on the case where the platform is the owner of the information and can determine the sharing strategy, in contrast with individual ownership of the information (e.g., Gal-Or 1985). Together with the change of information ownership, the

platform's objective to maximize the total profit of all sellers leads to a different sharing outcome. It allows the platform to utilize the information while mitigating the competition level, which is not viable when an individual seller owns the information.

解析： 阐述了论文重点关注的情形，即平台拥有信息并且可以决定其共享策略。

(8) ①We find that information sharing is beneficial to both the platform and the sellers. In other words, a profit-maximizing platform has incentives to share information with the sellers. However, it may not be optimal to share all information with every seller. … ②To mitigate competition intensity, the platform can either limit the number of sellers who receive the information or lower the precision of the information shared. Our model shows that limiting the sharing group size is more efficient than lowering the precision of information. In particular, the optimal sharing strategy for the platform, without any constraints, is to limit the sharing group size and truthfully share the information with every seller in the group.

解析： ①给出了论文的一个研究结论，即信息共享对平台和卖家都有益，并进行了一定的说明。这里对应着第一个研究问题的回答，即平台会在信息共享中获益。②给出了一个相关的管理启示，即为了减轻竞争强度，平台可以限制接收信息的卖家的数量或降低共享信息的精确度。

(9) Meanwhile, the platform may not be able to share information arbitrarily because of potential practical concerns. ①One commonly encountered issue for the platform in sharing information is the privacy of sellers. The misuse of sellers'individual information can cause very serious brand damage and financial loss to the platform. … ②Another important issue for the platform is fairness. Platforms

that favor certain sellers will face serious public relations problems or even government regulation pressure. Therefore, ensuring that platforms treat sellers fairly is crucial.

解析：表明由于实践中存在的一些约束，平台不可以随意进行信息共享。①和②分别给出了需要关注的两个问题，即隐私和公平，并分别进行了说明。

(10) In our model, the platform can either share with sellers full information based on the customer interaction with all sellers or individual information based on the customer interaction with each individual seller only, possibly with noises. ① When privacy is a constraint, the platform is not allowed to share one seller's individual information with other sellers. ② Under the fairness constraint, the platform's sharing strategy must be symmetric: either all sellers receive the full information with the same precision levels or each seller receives his own individual information with the same precision levels across sellers. ③Therefore, we study four types of information-sharing formats: asymmetric full sharing (AFS), asymmetric individual sharing (AIS), symmetric full sharing (SFS), and symmetric individual sharing (SIS).

解析：通过上一段提出的问题，给出了论文中考虑的几种共享模式。①和②分别说明了当隐私和公平作为约束时的一些特性。③列举了两种约束带来的四种共享模式。

(11) By characterizing the optimal sharing strategies under these four sharing formats, we first establish that both the platform and the sellers can be better off with information sharing even with the above constraints. ① When the sharing strategy can be asymmetric, we find that the optimal strategy for the platform is to choose a subset of sellers and truthfully share information with them. ②When

the sharing strategy has to be symmetric, the platform will reduce competition by lowering the precision of the shared information, which generates lower profit for the platform compared with the unconstrained case. ③Moreover, we propose a simple pricing mechanism that can implement the optimal sharing strategy. Under this mechanism, … ④The platform can adjust the price level so that the number of sellers who purchase the information in the equilibrium is equal to the optimal number of sellers to share information with. In this case, the fixed-price mechanism will achieve the first-best information-sharing outcome.

解析：回答了本文的第二个研究问题。①和②分别阐述了共享策略在非对称和对称情况下的一些结论。③声明论文中提出了一个可以实现最优共享策略的定价机制，并给予了解释说明。④阐述平台可以通过调整价格实现最优的共享策略。

(12) The rest of this paper is organized as follows. Section 2 reviews the related literature. Section 3 introduces the model and information-sharing structure. Section 4 derives the optimal information-sharing strategy and examines how it depends on the privacy constraint, and Section 5 analyzes the sharing strategy with the fairness constraint. Section 6 characterizes the optimal pricing mechanism. The paper concludes with Section 7.

解析：本段介绍了论文的整体结构，对每个章节的内容用一句话进行了总结。每句话使用不同的动词，即 review（回顾）、introduce（介绍）、derive（推导出）、analyze（分析）、characterize（描述）和 conclude（结束），对仗工整地给出每个章节的简要说明，清晰地展示了文章的整体脉络。

11.3　文献综述

本文的文献综述部分是按研究主题对文献进行组织和回顾的。本部分共六段涉及三个主题，分别是“information sharing in operations management and economics”（（13）和（14）段）“privacy and fairness constraints in information sharing”（（15）和（16）段）和“platform issues”((17）和（18）段）。其中，第三个主题“platform issues”又包括零售平台上的信息共享问题和其他运营问题。本篇文献综述有很多值得初学者借鉴的地方，如对文献的评述、与本文研究问题的呼应关系、过渡词的使用（如“Recently”“Moreover”“For instance”）等。接下来我们对其进行具体分析。

（13）①This paper is related to the extensive literature on information sharing in operations management（e. g.，Ha et al. 2011，Chen and Tang 2015，Tang et al. 2015，Liao and Chen 2017，Liao et al. 2017，He et al. 2018）and economics（e.g.，Vives 1984；Gal-Or 1985，1986；Raith 1996）. ②The majority of studies in economics literature focus on investigating the incentive and impact of information sharing with horizontal competition among oligopolies. A key message from these studies is that the sellers who participate in Cournot competition by selling substitutable products will not share demand information in the equilibrium. Several studies investigate vertical information sharing，where a supplier shares information with retailers involved in horizontal competition（Li 2002；Zhang 2002，2006；Shang et al. 2015）. Recently，researchers also investigated the impact of information sharing from a third party that is not related to sellers. For instance，Jensen（2007）found that information sharing of market prices via mobile devices in South India helped to increase the fishermen's profit and reduce waste. Chen and Tang (2015) and Tang et al. (2015) investigated the effects of full information sharing on farmers' welfare in developing countries. Another related stream of research studies information design questions using a Bayesian persuasion framework; please see Bergemann and Morris (2019) for a review of this literature.

解析：①总领句。说明要回顾的第一类文献，即在运营管理和经济学领域中的信息共享问题。②对第一类文献的研究内容进行回顾，阐述它们分别做了什么工作，得到了什么样的结论，为引出本文的研究问题做了铺垫，避免了“综而不述”的问题。此篇文献综述在此段对文献进行回顾时采用了过去式，但是在接下来（第（16）（17）和（18）段）的回顾中却采用了一般现在时。这样做的合理之处是，此段是以“researchers”为主语进行阐述（“Recently，**researchers** also investigated…”），而这些研究都是这些研究者在过去做的，所以用过去时；而在第（16）（17）和（18）段的叙述中，作者是以“literature”为主语进行阐述的（如第（16）段第③句“Moreover，there is a related **literature**…”、第（17）段第①句“This paper is also related to the recent **literature** on retail platforms”和第（18）段第①句“Besides … the recent operations management **literature** also…”），所以用一般现在时。这种方式也可以，但是结合本书文献回顾部分的相关内容，建议在论文写作中尽量使用统一的时态。此外，对于同一个研究主题，作者在保证叙述逻辑的基础上，采用了按照时间先后的顺序进行了回顾。

（14）①Our research contributes to the above literature by bridging the information-sharing literature with the recent practice of rapidly growing retail platforms. Our model is different from those of the above studies both in the information structure (i.e., it is the platform rather than the sellers who owns the information) and in the decision structure (i.e., it is the platform rather than the sellers who makes the information-sharing decision, and the objective is to maximize the sellers' total profits rather than individual seller's profit). ②We find that in contrast to the classic literature (Gal-Or 1985, Raith 1996) that predicts no information sharing in equilibrium, the platform has incentives to share information with the sellers. Our analysis also reveals that it is the new decision structure that drives such a distinct finding. This indicates that the platform serves as an informational intermediary that facilitates information sharing in our setting.

解析：①由上一段对文献进行的评述引出本文的研究与现有文献的区别，进而突出本文的研究贡献，避免了“述而不引”的问题。②在①对本文研究贡献进行突出强调的基础上，进一步阐述了本文与前人研究的区别，以及得出的主要研究结论，适时地展示了论文的重要发现，进一步突出贡献。

(15) ①Moreover, we consider two new but practically important constraints, namely, the privacy and fairness constraints, in information sharing that are not discussed in the traditional literature. We characterize the optimal information-sharing strategies under these two constraints. ②Because the platform owns the information and makes the sharing decision, it is natural to consider whether there are any contracts between the platform and sellers that could implement the optimal information-sharing strategy in equilibrium. Therefore, unlike most past literature that characterizes only the optimal information-sharing strategy, we propose an implementable pricing mechanism that achieves the optimal sharing outcome.

解析：①总起说明本文回顾的第二类文献，即隐私和公平约束。

②阐述了本文研究的另一个重要的问题，即信息共享环境下的合同设计问题，从而引出研究问题。

（16）①There is a substantial literature on information privacy, specifically in ecommerce contexts（see Malhotra et al. 2004, Son and Kim 2008, Pavlou 2011, Li 2012, Easley et al. 2018）. ② We consider a situation where sharing one seller's information with another may violate the privacy constraint. ③ Moreover, there is a related literature on fairness in pricing and resource allocation（e.g., Bertsimas et al. 2011, 2012）. Bertsimas et al.（2012）study how to design objectives that account for the trade-off between fairness and efficiency in the context of resource allocation problems. ④ In this paper, we apply the concept of fairness to information sharing and pricing of information.

解析：①对与“privacy”相关的文献进行回顾。作者并没有直接说明每篇文献研究了什么内容，而是采用了列举的方式供大家参考。这也是回顾文献的一种方式，但是在一篇完整的文献综述中不宜过多使用。②对与“privacy”相关的文献进行回顾之后，引出本文研究问题的场景。③对与“fairness”相关的文献进行回顾，并用“Moreover”进行了衔接，过渡自然。另外，作者选择了一篇代表性文献进行阐述。④在对与“fairness”相关的文献进行回顾之后，引出本文研究问题。这篇文献综述在每次回顾一类文献之后都会适时地引出自己的研究问题，这样可以帮助读者清楚地了解论文在理论上的创新所在。

（17）①This paper is also related to the recent literature on retail platforms. ② For instance, Jiang et al.（2011）discuss the firms' strategies in platform-based retailing when the platform may directly compete with sellers. Hagiu and Wright（2014）focus on the strategic choice between the platform scheme（agency）and the wholesale scheme（reseller). By conducting a large randomized field experiment on Alibaba, Zhang et al.（2019b）investigate the effect of price promotion on customer behavior, and Zhang et al.（2019a）study the value of pop-up stores on retail platforms. ③Our paper contributes to this literature by focusing on one underexplored but practically important information design question in platform retailing.

解析：①总起说明本文回顾的第三类文献中的第一种即零售平台类型。②在回顾这类文献时，作者采用了按照时间顺序的方式进行组织。③对文献进行回顾之后，又一次引出了本文的研究问题，突出理论贡献。

（18）① Besides information sharing on retail platforms, the recent operations management literature also features papers studying other important operational issues on platforms. ② Cachon et al.（2017), Hu and Zhou（2019), Taylor（2018), and Cui and Hu（2019）study optimal pricing in on-demand service platforms. Hu and Zhou（2019), Cullen and Farronato（2014), Kanoria and Saban（2020), Ozkan and Ward（2020), and Li and Netessine（2020）explore the matching processes on platforms. Cui et al.（2020）and Edelman et al.（2017）cxamine the discrimination issue on the lodging platform Airbnb. Jin et al.（2017）and Fradkin et al.（2018）focus on the review systems on platforms. Benjaafaretal.（2018）and Horton and Zeckhauser（2016）study the implications of rental platforms for consumers' ownership of durable goods. ③These papers do not consider information sharing, and therefore both the modeling and insights are quite different from our paper.

解析：①总起说明本文回顾的第三类文献中的第二种即其他平台运营问题。②对研究其他不同平台类型和问题的文献进行了回顾。可以改进的地方是，多个文献做主语可以采用时间的先后顺序或作者姓氏进行罗列。③对文献进行回顾之后，再一次适时地引出本文的研究问题。首先说明了现有文献研究的不足（“These papers do not consider… ”），然后说明本文与它们的区别（“… are quite different from our paper”）。

11.4 模型构建

本文的研究问题是在线零售平台是否应该共享信息以及如何共享信息给卖家。论文采用模型与分析相结合的方式进行阐述，具体采用的是树形结构，共四节主体内容（文中第3至6节），如图11.1所示。其中第3节构建模型，刻画了平台的信息共享问题及信息共享存在的约束，然后在第4节和第5节分别分析两种约束下的最优信息共享策略，第6节进行模型的一个主要拓展，考虑平台可以对共享信息收费。

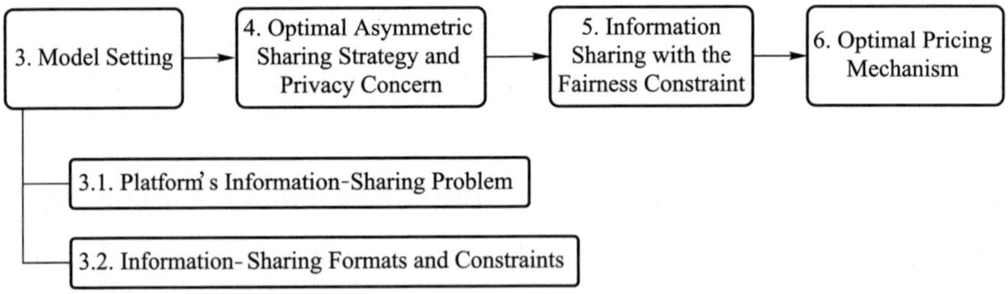

图 11.1　Liu et al.（2021）的论文结构

3. 模型构建（Model Setting）

本文第3节模型构建共20个段落，下面具体介绍其主干逻辑与内容。

(19) In this section, we first introduce the model setting and the information-sharing problem for the platform. Then we describe the information-sharing formats that we will study in the subsequent sections.

解析：总领本节，告知读者本节关注的主要内容，即研究平台的信息共享问题，然后本节将介绍具体的信息共享模式。

3.1　Platform's Information-Sharing Problem

（20）①Consider N sellers distributing substitutable products on a retail platform. ②The platform takes a fixed percentage of each seller's revenue as a commission fee. The sellers participate in Cournot competition and have to make quantity decisions to maximize their expected profit before the common market uncertainty is resolved. ③Specifically，given all sellers' quantity decisions q_i，$i=1$，2，…，N，the price of the product sold by seller i is represented by a linear inverse demand function：…，where a and b are parameters that are known by all sellers，and u is a random term that represents the common market demand uncertainty.

解析：首先①描述问题模型的参与对象，一个零售平台和 N 个卖替代性产品的卖家。然后②概括性地介绍参与对象之间的关系，即卖家在平台上古诺竞争销售产品，平台收取佣金，市场需求是不确定的。然后③具体介绍古诺竞争下卖家的决策变量是销售量，反推出销售价格及相关参数介绍。

（21）①Following the literature on Cournot competition（Sakai and Yamato 1989；Ha et al. 2011，2017），we assume $0<b\leqslant 1$，… Note that the substitution rate b is the same between any pair of the sellers in the base model，that is，the sellers are homogeneous in terms of market power. ②In Online Appendix B，we analyze an extension where sellers have heterogeneous market power and find that the key results remain the same.

解析：首先①具体介绍古诺竞争中不同卖家产品的替代性。然后②描述本文的一个假设，即卖家是同质的，并指出在附录拓展部分会放松这个假设。

(22) Similarly, following the literature on information sharing (Raith 1996, Mendelson and Tunca 2007, Feldman et al. 2018), we assume u follows a normal distribution known to both the platform and the sellers. Without loss of generality, we normalize the mean of the distribution to zero: $u \sim N(0, \sigma)$. The platform has better information about the market demand than each seller. Specifically, the sellers' information about the demand uncertainty is the prior distribution of the uncertain term u. The platform, in addition to the prior distribution, can also obtain signals of the market demand uncertainty based on customer-seller interactions, such as the customers' clickstream data. Denote the signal from the customer interaction with seller i as x_i, which is a noisy but unbiased estimate of the market demand uncertainty u: $x_i = u + e_i$. …

解析：由于本文研究的场景是需求不确定，平台有更多的信息，决策如何共享信息给卖家，本段重点介绍如何刻画需求不确定性。

(23) ①Let $\{x_1, x_2, \cdots, x_N\}$ denote the information set possessed by the platform. The sellers can learn extra information about the market only through the platform, and the platform has to decide how to release these signals to the sellers. ②In other words, the platform determines the information-sharing strategy - what signals to be revealed, to which sellers, and at what accuracy level. … Specifically, the platform shares information $\hat{x}_{ij}$ to seller j about the signal x_i from customer interaction data with seller i in the following way: ….

解析：首先①介绍平台的决策，是如何把关于需求的市场信号共享给卖家，假设卖家没有其他信息来源。然后②具体描述平台的信息共享决策如何刻画，包含向哪些卖家共享信息，共享信息的精准度等。

(24－26) The platform can determine the precision of shared information by controlling the variances of the noises, that is, m_{ij}. …… We then denote the shared information received by seller i as $y_i(M)=\{\hat{x}_{1i}(m_{1i}), \cdots, \hat{x}_{Ni}(m_{Ni})\}$.

解析：通过（24－26）三段内容具体描述平台的信息共享的精准度如何刻画。以上几段内容基本完成了平台信息共享的基础刻画，下面论文将在此基础上介绍平台和卖家的目标函数及信息共享模式。

(27) Upon receiving the shared information $y_i(M)$ from the platform, seller i first updates his belief about the market uncertainty u and gets $u|y_i(M)$. Based on his belief of the market, seller i then makes the quantity decision q_i to maximize the expected profit….

解析：在描述平台共享信息后，指出卖家决策最优销售量来最大化期望利润，刻画卖家的期望利润表达式。

(28) ①We consider a revenue-sharing contract under which the platform takes α fraction of the revenue from sellers as commission fees. ②Normally, α is determined by the industry standard and thus is exogenously given. For example, Alibaba's Tmall platform uses different α values for different product categories. In particular, Tmall charges 5% for apparel ($\alpha_{apparel}=0.05$) and 2% for electronics and digital products ($\alpha_{electronics}=0.02$). Moreover, for most of the categories, the commission rate does not change frequently. For instance, the commission rate for apparel has remained stable at 5% for more than six years. ③The platform maximizes its expected profit by determining the precision matrix M. After the platform shares $y_i(M)$ with seller i, the expected profit of the platform can be written as….

解析：首先①介绍卖家和平台的利润分成模式，是收益共享合同。在②中，假设平台收取的佣金率是外生的，并用行业实践佐证该假设的合理性。最后③描述考虑从卖家收取佣金营利时，平台决策最优信息共享策略来最大化期望利润，刻画平台的期望利润表达式。

3.1.1. Sequence of Events.

(29) The platform first determines the precision matrix M. After the signals about market uncertainty based on all sellers x_1, …, x_N are realized, the platform shares the information $y_i(M)$ with seller i based on the predetermined precision matrix M. Seller i uses the signals he receives to update his belief about the market and then determines quantity q_i to maximize his expected profit. Once the quantities q_1, …, q_N are determined, the market price of each seller's product is realized, and each seller's profit is also realized. Finally, the platform collects its commissions as a fraction of the total revenue of all sellers….

解析：本段介绍了事件发展顺序，一方面总结各个决策对象的决策变量和决策目标，另一方面也为之后的求解顺序作铺垫。

(30) As a benchmark case, we document the sellers' quantity decisions in equilibrium when there is no information sharing in Lemma 1.

解析：本文研究在需求不确定情况下平台的信息共享策略，作为基础情况，先简要介绍平台不进行信息共享时卖家的决策和利润，用于之后的对比分析。

(31) **Lemma 1.** When the platform does not share any information with the sellers, each seller i will produce…, and the platform's expected profit is….

解析：把上面平台不进行信息共享时卖家的决策和利润结果提炼为引理1，紧接着在（32）段进行了简要说明。

3.2　Information-Sharing Formats and Constraints

3.2 节介绍了平台共享信息时可能存在的两个约束，以及由此可能出现的信息共享模式，这部分的两种约束产生的信息共享模式分类也对应着分析与讨论部分的第 4 节和第 5 节。

（33）In practice, the platform's sharing strategy may be subject to two potential constraints. The first constraint is privacy. … In our model, under this privacy constraint, the platform cannot release the signal based on customer interaction with one seller to his competitors, and signals obtained through customer interaction with any specific seller can be exclusively offered only to that seller.

解析：本段结合管理实践说明可能存在的两种约束，并具体介绍第一种约束，隐私约束。

（34）The second constraint is fairness. Fairness requires the platform to ensure that information shared with each seller is based on customer interaction data with the same set of sellers and has the same precision when the information is offered free of charge. … The information released to different sellers may also have different precision. In practice, millions of sellers depend on online platforms to reach their customers; therefore, ensuring that platforms treat sellers fairly is crucial from a government-regulation perspective. When the platform can charge a price for the information, the fairness constraint represents providing the same pricing contract to all sellers. We first focus on the free-information situation and will discuss the pricing contract in Section 6.

解析：本段介绍了第二种约束，即公平约束。

（35）Based on these two constraints, we classify the information-sharing strategies in two ways. First, an information-sharing strategy can be individual and satisfy the privacy constraint, which means that one seller's individual information can be shared only with him (…). The sharing strategy can also be full, which means the information from all sellers can be shared with every seller (the privacy constraint is violated in this case). Second, an information-sharing strategy can be symmetric, which means the precision of the information is the same across all sellers, or asymmetric, in which case the fairness constraint is violated.

解析： 基于上述两种约束，信息共享策略可以分为两类。本段对这两类具体策略进行了说明。

(36) ①As a result, based on which constraint is violated, we have four types of information-sharing formats. The first sharing format, called asymmetric full sharing, allows the platform to share full information of different precisions with sellers. The second format is called asymmetric individual sharing, where the platform can share one seller's individual information only with him, but the noises added to the shared signals may differ across sellers. The third and fourth sharing formats are symmetric full sharing and symmetric individual sharing, respectively. …② In the online appendix, we show that the main results still hold for the two-seller model under the most general sharing format.

解析： ①指出基于两种约束产生的分类结果，可以把信息共享模式分为四种并给出具体说明。然后②指出现实中可能不只存在本文提及的共享策略和模式，告诉读者将会在附录的拓展中考虑更一般的信息共享策略。接下来用（37）和（38）两段对卖家接收到的信息进行了详细说明。

(38) …Next, Section 4 studies the optimal sharing strategy and how the privacy constraint may change the result. Section 5 further analyzes the case when there is a fairness concern.

解析：介绍论文的后续写作结构，在第 4 节介绍考虑隐私约束下的最优信息共享策略，在第 5 节介绍考虑公平约束下的最优信息共享策略。

11.5　分析与讨论

该论文的分析与讨论部分主要包含三个小节，其中第 4 节和第 5 节是主要研究内容，分别分析了在隐私约束和公平约束下的最优信息共享策略和平台的利润，这两节结构基本是一致的。然后第 6 节对主模型进行了拓展，考虑平台对共享的信息收费，从而能够消除公平约束的影响。下面从结果的展示及其具体的分析与讨论两个方面介绍该部分的写作逻辑与内容。

11.5.1　结果展示

论文首先在第 4 节中介绍了考虑隐私约束的非对称信息共享模式，这一部分内容没有考虑公平约束，所以可以对不同卖家采取非对称的信息共享策略。根据是否有隐私约束，可以分成 AFS 和 AIS 两种信息共享模式。不考虑隐私约束时可以把所有信息在卖家之间共享，称作 AFS 模式；考虑隐私约束时只能向每个卖家共享其自身的信息，而不能共享其他卖家的信息，称作 AIS 模式。因此在第 4 节中分别探究了这两种非对称信息共享模式下，最优的信息共享决策，包含把信息共享给哪些卖家以及共享信息的精确度，然后得到不同信息共享模式下平台的最优利润。通过比较 AFS 和 AIS 两种模式下平台的利润，可以得到对平台而言最优的信息共享方案。在论文的写作中，按照逻辑先后顺序，依次分析每种情况下的最优决策、细节分析、和具体结论，主要包含以下三部分内容。首先是结构方面承上启下引出结论，然后用引理、命题、定理或推论的方式提炼结论，最后对每个结论的驱动因素和管理启示进行讨论。本文的具体分析如下。

4. Optimal Asymmetric Sharing Strategy and Privacy Concern

(39) In this section, we study the optimal information sharing strategy under AFS and AIS formats. The following proposition characterizes the structure of the optimal asymmetric sharing strategy.

解析： 首先引出在第 4 节介绍考虑隐私约束情况下的非对称的信息共享策略，包括 AFS 和 AIS 两种模式。

(40) **Proposition 1** (Optimal Asymmetric Sharing Strategy). …

(41－42) All proofs are given in the online appendix. Proposition 1 shows that, …

解析： 第（40）段用命题 1 总述了在 AFS 和 AIS 组成的非对称信息共享模式中共有的性质，并提炼了非对称信息共享模式的结构；然后第（41）和（42）段对命题 1 的驱动因素和管理启示进行了讨论。

(43) ①We proceed to shed more light on the platform's optimal sharing strategy under AFS and AIS formats. Although Proposition 1 shows that the platform will truthfully share information, it is not clear whether the optimal sharing strategy is symmetric or not. ②Proposition 2 states that the optimal AFS strategy is asymmetric in general—the platform shares information only with a subset of K sellers, where K is between 0 and N. Without loss of generality, we assume that if the platform shares information with K sellers ($K \leqslant N$), the sellers 1, 2, …, K receive the full information offered by the platform.

(44) **Proposition 2** (Optimal Asymmetric Full Sharing). …

(45－47) We offer the following intuition behind Proposition 2. …

解析： 第（43）段句①在结构上起承上启下的作用，抛出问题，尽管命题 1 说明平台会真实地共享信息，但是信息共享模式是否是对称的还是未知的，因此需要继续对 AFS 和 AIS 下最优的信息共享模式进行分析。句②介绍了 AFS 模式下的信息共享模式。第（44）段通过命题 2 提炼了 AFS 模式下的最优信息共享决策和平台的利润。然后在第（45－47）段对命题 2 的驱动因素和管理启示进行了讨论。

（48）Next，we consider the optimal AIS strategy，where the platform can share only individual information with the sellers.

（49）**Proposition 3**（Optimal Asymmetric Individual Sharing）. …

解析： 完成 AFS 的最优共享决策分析后，继续对同等级别的 AIS 信息共享模式进行分析。第（48）段介绍 AIS 模式下的信息共享机制。第（49）段通过命题 3 提炼了 AIS 模式下的最优信息共享决策和平台的利润。然后使用（50－53）四段内容对命题 3 的驱动因素和管理启示进行了讨论。

（54）Next，we show that when the number of sellers to share with（i.e.，K_{AFS}^{*} and K_{AIS}^{*}）can be noninteger，the profit under AFS is always higher than that under AIS. However，if the number of sellers to share with has to be an integer（as is the case in practice），the optimal AIS strategy may outperform the optimal AFS strategy.

（55）**Lemma 2.** When K^{*} can take noninteger values，the optimal profit under different sharing formats has the following relationship：…

（56）One may intuit that the platform should always prefer the AFS format to the AIS format because the latter is subject to the privacy constraint. However，interestingly，…

解析： 在完成 AFS 和 AIS 的最优共享决策分析后，对两种结构下平台的利润进行对比，探究哪种模式对平台利润更优。第（54）段在论文结构上引出要对比分析 AFS 和 AIS 信息共享模式的表现。

第（55）段使用引理2提炼总结了AFS和AIS两种信息共享模式的表现优劣性。然后第（56）段对引理2的驱动因素和管理启示进行了讨论。

5. Information Sharing with the Fairness Constraint

在完成第4节的分析后，作者在第5节中把公平约束考虑了进来。有公平约束后，平台不能再对卖家采取非对称的信息共享策略。加上是否考虑隐私约束，可以分成SFS和SIS两种信息共享具体模式。不考虑隐私约束时可以把所有信息在卖家之间共享，称作SFS模式；考虑隐私约束时只可以把每个卖家的信息共享给其本身，而不能共享给其他卖家，称作SIS模式。因此在第5节中分别探究了这两种信息共享模式下的最优决策，包含把信息共享给哪些卖家以及共享信息的精确度，然后得到不同信息共享模式下平台的利润，从而通过比较得到最优的信息共享模式。本节的写作结构和第4节基本一致，具体分析如下。

（57）In this section, we consider the situation where the platform needs to satisfy the fairness constraint. In this case, the precision of information shared with every seller needs to be the same. Therefore, as discussed in Section 3, we also refer to these sharing formats as symmetric full sharing and symmetric individual sharing.

解析：从结构上引出在第5节介绍有无公平约束下的对称信息共享策略，即SFS和SIS。

（58）We first examine the SFS format. …Proposition 4 characterizes the optimal SFS strategy for the platform.

（59）**Proposition 4**（Optimal Symmetric Full Sharing）. …

（60）Equation（11）shows that the variance of noises added to the shared information is weakly increasing in the number of sellers N and the substitution level b. …

解析：第（58）段从论文结构上引出SFS模式下的信息共享机

制，并介绍了 SFS 的操作方式。第（59）段通过命题 4 提炼 SFS 模式下的最优信息共享决策和平台的利润。然后使用四段内容对命题 4 的驱动因素和管理启示进行了讨论。

（64）Next，we consider the SIS format where the platform releases each seller's individual information only to him，and the information shared with different sellers needs to have the same precision. Proposition 5 characterizes the optimal SIS strategy.

（65）**Proposition 5**（Optimal Symmetric Individual Sharing）. …

（66）As with the optimal SFS strategy，the platform may not want to share the truthful demand signals with each seller as competition gets more intense. …

解析：完成 SFS 的最优共享决策分析后，继续对同等级别的 SIS 信息共享模式进行分析。首先第（64）段从结构上引出接下来介绍 SIS 模式下的信息共享机制。第（65）段通过命题 5 提炼了 AIS 模式下的最优信息共享决策和平台的利润。然后使用第（66）和（67）两段对命题 5 的驱动因素和管理启示进行了讨论。

（68）Although both strategies satisfy the fairness constraint，the optimal SFS strategy violates the privacy constraint. We find that sharing individual information can be more profitable than sharing full information with a large market size. In particular，Proposition 6 indicates that with a large number of sellers，the optimal SIS strategy，without violating the privacy constraint，dominates the optimal SFS strategy.

（69）**Proposition 6**（Optimal Symmetric Sharing Format）. …

（70）The main intuition behind Proposition 6 relies on the tradeoff between intensified competition and more precise information under both sharing strategies. …

解析：完成 SFS 和 SIS 的最优共享决策分析后，对两种结构下平台的利润进行对比，探究哪种模式对平台利润更优。首先第（68）段对 SFS 和 SIS 信息共享模式的表现进行分析。然后第（69）段通过命题 6 提炼总结了 SFS 和 SIS 两种信息共享模式的表现优劣性。最后第（70）段对命题 6 的驱动因素和管理启示进行了讨论。

6. Optimal Pricing Mechanism

论文在第 6 节对主模型进行了拓展，考虑平台对共享的信息进行收费，从而能够消除公平约束的影响。由于考虑公平约束后平台只能对卖家采取对称的信息共享策略，这无疑对平台是不利的。因此，作者提出了一种价格合同，对信息共享进行收费，改变卖家对信息的态度，从而达到异质性信息共享的目的，实现无须考虑公平约束下 AFS 和 AIS 的效果。因此在写作方面，需要先介绍为何需要进行共享信息收费，然后介绍信息收费机制，进而分析其他市场参数对信息收费的影响。具体分析如下：

（71）In this section, we consider an extension where the platform can charge sellers for the information-sharing service. … Proposition 7 gives the optimal pricing mechanisms for both full information sharing and individual information sharing.

（72）**Proposition 7.** The platform can achieve the optimal AFS strategy and AIS strategy by offering the following pricing mechanisms：…

（73）Proposition 7 states that by setting the optimal price for the information-sharing service as the profit gain for each seller in the sharing group under the optimal AFS（AIS） strategy, the platform can attract the exact same number of sellers to purchase the information as in the optimal asymmetric full （individual） sharing strategy. …

解析：第（71）段首先说明第 6 节对主模型进行拓展，考虑平台对共享的信息收费以消除公平约束的影响，实现 AFS 和 AIS 信息共享模式的效果。第（72）段通过命题 7 提炼了能够实现 AFS 和 AIS 信息共享模式效果的定价机制。然后通过（73）和（74）两段内容对命题 7 的驱动因素和管理启示进行了讨论和总结。

（75）The optimal price for information depends on the market competition intensity and the precision of the information. Corollaries 2 and 3 characterize how the optimal price for information varies with these parameters.

（76）**Corollary 2.** For the AFS format，we find that the following：…

（77－79）The above comparative statics results are intuitive. …

（80）**Corollary 3.** For the AIS format，we find the following：…

（81）For individual information sharing，the sellers never benefit from the increase of N because of the structure of the AIS format. Therefore，the optimal price would never increase in N.

解析： 介绍完最优的信息定价机制后，第（75）段描述最优的定价机制可能会受到其他市场参数的影响。第（76）段通过推论 2 总结了 AFS 模式下其他市场参数对最优定价的影响情况。然后通过（77－79）三段内容对推论 2 的驱动因素和管理启示进行了讨论。第（80）段通过推论 3 总结了 AIS 模式下其他市场参数对最优定价的影响，并在第（81）段对推论 3 的驱动因素和管理启示进行了简要讨论。

11.5.2　结果讨论

接下来我们重点对论文的定理或命题进行分析，我们选取本文第 4 节中的命题 1 和命题 2 为例进行具体剖析。其中对命题 1 的解读分两段来进行，第一段首先介绍该命题的具体结果内容，并分析产生这种结果的原因，接着通过第二段分析本研究的结果与传统信息共享策略的文献结果不同，并且分析了出现这种结果的原因。

Proposition 1 (Optimal Asymmetric Sharing Srategy). *In the optimal sharing strategy under the AFS and AIS formats, the plateform will never partially share any information with any sellers* (*i.e.*, $m_{ij}^{*} \in \{0, +\infty\}$, $\forall m_{ij}^{*} \in M_{AFS}^{*}$ *or* M_{AIS}^{*}).

(41) ①All proofs are given in the online appendix. Proposition 1 shows that, under the AFS and AIS formats, the platform will always truthfully share information if it decides to share any information with any sellers. ②This result can be explained as follows. The platform faces a major trade-off when sharing information with sellers: On one hand, with the shared information sellers are better informed about the market, which makes them more profitable. On the other hand, in a Cournot competition framework with common demand uncertainty, information sharing increases the correlation of the sellers' strategies, which results in intensified competition and thus profit loss. ③We show that the platform's marginal benefit of sharing information to each seller under the AFS or AIS format, which is defined as the benefit of better-informed decisions minus the cost of more correlated strategies, is either monotonic or first decreasing and then increasing in the noise level of shared information. ④Hence, the optimal noise level for any seller under the AFS or AIS formats is either 0 or $+\infty$, that is, the platform will truthfully share information if it decides to share any.

解析：本段具体分析了命题1得到的结果以及成因。首先第①句介绍得出的结果，研究发现在不对称的充分共享和不对称的个人共享模式下，如果决定与所有卖家分享信息，平台将永远如实地分享信息。接着第②句介绍出现这种结果的原因是平台面临信息共享时的权衡：一方面，有了共享的信息，卖家对市场有了更好的了解，这使他们更有利可图；另一方面，在具有共同需求不确定性的古诺竞争框架下，信息共享增加了卖方策略的相关性，导致竞争加剧，从而造成利润损失。随后第③句介绍在AFS或AIS模式下，平台向每个卖家共享信息的边际效益随着噪声水平是单调或先降低再增加的。最后第④句得出结论，无论是AFS或AIS模式，平台都将如实共享信息。

（42）①The result that the platform may truthfully share information in Proposition 1 is in contrast with the literature（Gal-Or 1985，Raith 1996），which asserts that information sharing will not arise in equilibrium. ②There are two important differences between our model and the traditional models：First，the information structure is different—whereas information is owned and submitted by each participating seller in traditional models，all shareable information belongs to the platform in our model. Second，the decision makers and the objective functions are different—whereas each seller decides whether to share his own information with others to optimize his own payoff in traditional models，in our model，the platform serves as an information intermediary and maximizes the total profits of all sellers. ③In Online Appendix D，we construct an auxiliary model where the platform does not own better information than the sellers and shows that it is still willing to share information. Combining Proposition 1 with the results from Online Appendix D，we demonstrate that the difference in decision structure is the main driver of the difference between our result and those in the traditional models. ④The intuition is as follows. When each seller is the decision maker，receiving information from other sellers is beneficial to the focal seller because of the ability to make better informed decisions，but sharing his own information with other sellers is harmful because of more correlated strategies. Thus, each seller would have incentives to deviate from the information-sharing outcome, which in turn results in a no-sharing equilibrium. However, the platform would share information as long as the benefit of more informed decisions is greater than the cost of more correlated strategies, from the system's perspective. ⑤Therefore, the platform plays an informational role that facilitates information sharing in our problem setting.

解析：本段分析命题1的意义及其蕴含的管理启示，通过解释其与经典文献的不同，突出研究的理论贡献。本段第①句首先表明命题1中平台可以如实共享信息的结果与文献结论相反，文献断言信息共享不会在均衡状态下产生。接着第②句说明本研究与经典文献在信息共享的结构、决策者及目标函数的差异性，本文研究了平台作为中间者的信息共享作用，紧跟着在第③句说明了在附录D中，作者通过一个辅助模型证明了决策结构的差异是出现该结果的主要驱动因素。然后通过第④句利用直观认知分析传统的结果，直觉认为当每个卖家都是决策者时，从其他卖家那里接收信息对自己总是有利的，因为这将帮助决策者做出更明智的决定，但与其他卖家分享自己的信息是有害的，因为这会加剧竞争。因此，每个卖方都会有偏离信息共享结果的动机，这就会导致不共享的均衡。然而，平台从系统的角度来看，只要分享更多信息的决策带来的收益大于其成本，平台将共享信息。最后第⑤句指出平台在本文的问题设置中起到了促进信息共享的作用。

接下来我们分析本文的命题2，该命题与命题1之间是递进关系，所以作者采用一段内容衔接两个命题，再给出命题2的结果。对此命题的内容解释总共有四段，第一段用来引出命题2的逻辑并解释了最主要的信息，第二段解释了命题2背后的直观认知，第三段具体分析了最优的可以分享信息的零售商的数量，最后第四段解释了命题2为我们带来的管理启示。

Proposition 2 (Optimal Asymmetric Full Sharing). *The optimal AFS strategy is to provide full information truthfully to* K^*_{AFS} *sellers:*

$$y_i(M^*_{AFS}) = \begin{cases} \{x_1, \ldots, x_N\} \ if \ i \le K^*_{AFS}, \\ \emptyset \quad otherwise, \end{cases}$$

where the optimal number of sellers to share is

$$K^*_{AFS} \in \left\{ \left\lfloor \min\left\{\frac{2}{b} - 1, N\right\} \right\rfloor, \left\lceil \min\left\{\frac{2}{b} - 1, N\right\} \right\rceil \right\}.$$

The expected profit of the platform under this strategy is

$$\Pi^*_{AFS} = \frac{\alpha N a^2}{[2 + b(N-1)]^2} + \frac{\alpha K^*_{AFS}\sigma^2}{[2 + b(K^*_{AFS} - 1)]^2(\sigma + \frac{t}{N})}.$$

Both the platform and the sellers can (weakly) benefit from the optimal AFS strategy compared with the no-information-sharing benchmark case.

(43) ①We proceed to shed more light on the platform's optimal sharing strategy under AFS and AIS formats. Although Proposition 1 shows that the platform will truthfully share information, it is not clear whether the optimal sharing strategy is symmetric or not. ② Proposition 2 states that the optimal AFS strategy is asymmetric in general—the platform shares information only with a subset of K sellers, where K is between 0 and N. Without loss of generality, we assume that if the platform shares information with K sellers ($K \leqslant N$), the sellers 1, 2, …, K receive the full information offered by the platform.

解析：本段的作用是引出命题 2 的逻辑并解释其中的主要信息。首先第①句内容用来实现从命题 1 到命题 2 的过渡，虽然命题 1 表明平台会如实地共享信息，但不清楚最优共享策略是否对称，所以作者进一步阐明了 AFS 和 AIS 模式下平台的最优共享决策。然后第②句阐述了命题 2 的主要发现，最优的 AFS 策略通常是非对称的，即平台只与 K 个卖家的子集共享信息。

（45）① We offer the following intuition behind Proposition 2. From Proposition 1, it is optimal for the platform to truthfully share information under the AFS format. Therefore, we can examine how the total profits of the platform change with respect to the number of sellers it decides to share information with. ②It can be readily shown that the marginal benefit of sharing information to an additional seller (i.e., the benefit of better-informed decisions minus the cost of more correlated strategies due to information sharing) decreases as more sellers receive information. ③This is because when more sellers have the information, the platform's benefit from better-informed decisions by this additional seller decreases. ④We can also show that the marginal benefit of sharing information to an additional seller is positive when no seller has such information. ⑤Combining these two facts, we know that the optimal number of sellers to share information with can be any number between 0 and N. The optimal sharing strategy will be asymmetric if $0<K<N$.

解析：本段第①句首先给出命题 2 的直观认知：因为命题 1 得出如实共享的决策，那么可以探究平台的利润和选择共享的商家数量的关系。接着第②句说明得出的推导结果，与更多卖家分享信息的边际收益随着卖家数量的增加而减少。然后第③句解释原因，因为当更多的卖家拥有这些信息时，平台从这些额外卖家获得更多信息的决定中获得的收益会减少。接着第④句阐述另一个结果，还可以证明，当没有卖家拥有这些信息时，向任何一个卖家分享信息的边际效益都是正的。最后第⑤句总结以上两个事实，发现共享信息的最优卖家数量可以是 0 到 N 之间的任何数字，因此最优共享策略是非对称的。

(46) ①Notice that the optimal number of sellers to share with, $\min\{2/b-1, N\}$, may not be an integer, but we can only share with an integer number of sellers in reality. So we need to compare the expected profit at the two nearest integers around $\min\{2/b-1, N\}$ and pick the one that generates higher profit as the optimal number of sellers to share information with. ②Equation (7) shows that the number of sellers receiving information is weakly decreasing in the substitution level b and weakly increasing in the number of sellers N. As the substitution level between the sellers decreases, more sellers should be informed of the full information. In other words, more sellers should receive the information when the market is more differentiated. They can better utilize the information about the demand to increase their expected profits without affecting other sellers too much. ③To be more specific, in a relatively small market with few sellers, the information observed by the platform across sellers may not be precise, and the competition among the sellers is not intense. In this case, $\min\{2/b-1, N\}=N$, and the optimal AFS strategy for the platform is to fully utilize the information by truthfully sharing it with all sellers. However, as the number of sellers increases, the platform can have more accurate full information, and the competition among sellers is intense. In this case, $\min\{2/b-1, N\}=2/b-1<N$, and the platform shares full information only with a subset of sellers. ④Furthermore, Proposition 2 also indicates that as long as the number of sellers is greater than $2/b-1$, the optimal size of sellers with shared information remains unchanged at $2/b-1$. When there is perfect substitution (i.e., $b=1$), $K_{AFS}^{*}=1$. ⑤This means that the optimal AFS strategy for the platform is to combine informa-

tion from all sellers and share it with only one seller when all the products are perfectly substitutable.

解析： 首先第①句分析可以共享的零售商的最优数量必须是整数的要求，给出判断规则；接着第②句从最优数量的表达式出发，分析其与零售商之间的替代水平以及零售商数量之间的关系，并解释了产生这种关系的原因；然后第③句通过举例进一步解释了上述关系的机理；通过第④句阐述命题 2 的另一个结果，当卖家数量大于 $2/b-1$ 时，共享信息的最优卖家规模保持在 $2/b-1$ 不变；最后在第⑤句给出了结果带来的启示，这意味着在所有产品完全可替代的情况下，平台的最佳 AFS 方案是，将来自所有卖家的信息结合起来，只与一个卖家共享。

（47）①Sellers who receive the information can strictly benefit from the information, and the expected profit for the others remains the same as in the case where no one gets any information. ②The platform, by strategically sharing information with a limited number of sellers, maximizes its own profit through collecting the commissions from all sellers.

解析： 本段承接上文分析这种策略实施后卖家和平台的利润情况。第①句介绍卖家的情况，获得该信息的卖家可以从信息中获益，而其他卖家的预期利润与没有信息共享的情况下是一样的。接着第②句介绍平台的利润情况，平台通过策略性地与有限数量的卖家分享信息，实现自身利润的最大化。

11.6 研究结论

本文的结论和研究展望部分共有两段内容，第一段对全文进行总结，并概括提炼本文的主要研究结论以及管理启示；第二段指出了本文的局限性及可能的拓展方向。接下来我们对每一段的内容进行剖析，分析其段内的结构及表达。

（82）①Motivated by the recent development of online retail platforms, this paper studies the optimal information sharing strategy from the perspective of a retail platform. ②First, we find that the platform has incentives to share information with the sellers, and such sharing is beneficial both to the platform and to all sellers. ③Second, we demonstrate that when the sharing strategy can be asymmetric across sellers, the optimal sharing strategy is to select a subgroup of sellers and truthfully share (either full or individual) information with sellers in this subgroup. However, when the sharing strategy has to be symmetric across sellers, the platform has incentives to add noises to the shared information. ④Third, we propose a simple, single-price mechanism that can achieve the optimal information-sharing outcome.

解析：本段是全文总结段，涉及全文内容和结论的总结。第①句对本文研究问题进行总结，指出本文是基于当前网络零售平台的发展趋势，从零售平台的角度研究了信息的共享策略。接着给出了本文的三个主要研究结论，其中第②句概括第一个研究结论，发现平台有与卖家分享信息的动机，这种信息的分享对平台和卖家都是有利的。第③句概括第二个结论，证明了当卖家之间的共享策略不对称时，最优的共享策略是选择一个卖家子集，并与这个子集中的卖家如实地共享（无论是完整的还是个人的）信息。而当共享策略必须在卖家之间保持对称时，平台有动机在共享的信息中添加噪声。第④句概括第三个结论，即提出了一个简单、单一的信息定价机制，可以实现最优的信息共享效果。

（83）①There are several promising directions in which to extend this study both theoretically and empirically. ②First, we focus on

Cournot competition with substitutable products in this paper. It is worthwhile to study the optimal information-sharing strategies under different types of competition models, especially Bertrand competition with substitutable products. ③ Second, although we have considered sellers with heterogeneous market power as an extension, in practice, sellers may be heterogeneous in many other dimensions. From a practical perspective, it is important to extend our insights to an implementable information-sharing algorithm based on high-dimensional characteristics of each seller. ④ Finally, although our model is motivated by the practices at Alibaba and Amazon, its prediction also relies on our assumptions. Therefore, it would be interesting to study empirically how information sharing by Alibaba and Amazon affects the profits of the platforms and the sellers in equilibrium.

解析：本段是对本文局限性的分析和对未来研究方向的探讨。首先第①句表明无论是在理论研究还是实证研究上，本文都有几个很有前景的扩展方向。接着第②句指出本文的第一个局限，本文主要研究的是可替代产品之间的古诺竞争模型（Cournot），那么一个值得探索的拓展是不同类型的竞争模型下的信息共享策略，特别是伯川德（Bertrand）竞争下的可替代产品的信息共享策略。然后第③句阐述了本文的第二个局限，并做了拓展介绍。尽管本文在拓展中考虑了卖家在市场能力方面的异质性，但在实践中，卖方会在许多其他维度上存在不同。从实践的角度来看，将本文的管理启示扩展到考虑多维异质性卖家的信息共享算法非常重要。最后第④句提出本文的第三个局限和可以拓展的方向。虽然本文的模型是基于阿里巴巴和亚马逊的管理实践提出的，但研究结果也依赖于本文的一些假设。因此，通过实证的方法研究阿里巴巴和亚马逊的信息共享机制如何影响平台和卖家的利润也是很有意义的研究方向。

11.7　本章小结

本章在全书提出的写作理论和写作范式的基础上，结合一篇本领域内的优秀论文来解析写作理论及其应用。从该论文的标题、摘要和关键词、引言、文献综述、模型构建、分析与讨论和结论等各部分出发，对每个部分所涉及的框架搭建、逻辑衔接、内容布局和语言表达等方面进行了详细的解析。旨在向读者传递管理科学学术论文的写作规范，有助于读者理解本书所包含的写作理论，为读者的论文写作提供行之有效的指导和帮助。

11.8　思考与讨论

1. 总结本章的案例论文是如何突出文章选题重要性的。

2. 指出本章案例论文最重要的一条研究结论，简述作者是如何对其进行强调的。

3. 从写作规范与技巧的角度，谈一谈你对本章案例论文的看法。

4. 结合本章案例论文，总结管理科学学术论文的写作技巧或注意事项。

参考文献

[1] Ansari, A., Y. Li and J. Z. Zhang (2018). Probabilistic topic model for hybrid recommender systems: A stochastic variational bayesian approach. *Marketing Science*, 37 (6): 987-1008.

[2] Arifoğlu, K., S. Deo and S. M. R. Iravani (2020). Markdowns in seasonal conspicuous goods. *Marketing Science*, 39 (5): 1016-1029.

[3] Bolandifar, E., T. Feng and F. Zhang (2018). Simple contracts to assure supply under noncontractible capacity and asymmetric cost information. *Manufacturing & Service Operations Management*, 20 (2): 217-231.

[4] Cachon, G. P. and F. Zhang (2006). Procuring fast delivery: Sole sourcing with information asymmetry. *Management Science*, 52 (6): 881-896.

[5] Chun, S. Y., D. A. Iancu and N. Trichakis (2020). Loyalty program liabilities and point values. *Manufacturing & Service Operations Management*, 22 (2): 257-272.

[6] Desai, P. S., D. Purohit and B. Zhou (2018). Allowing consumers to bundle themselves: The profitability of family plans. *Marketing Science*, 37 (6): 953-969.

[7] Guo, X., L. Cheng and J. Liu (2020). Green supply chain contracts with eco-labels issued by the sales platform: Profitability

and environmental implications. *International Journal of Production Research*, 58 (5): 1485-1504.

[8] Guo, X., S. Zheng, Y. Yu and F. Zhang (2021). Optimal bundling strategy for a retail platform under agency selling. *Production and Operations Management*, 30 (7): 2273-2284.

[9] Guo, X., X. Zheng, L. Ling and C. Yang (2014). Online coopetition between hotels and online travel agencies: From the perspective of cash back after stay. *Tourism Management Perspectives*, 12: 104-112.

[10] Ho, Y. C., Y. J. Ho and Y. Tan (2017). Online cash-back shopping: Implications for consumers and e-businesses. *Information Systems Research*, 28 (2): 250-264.

[11] Klapp, M. A., A. L. Erera and A. Toriello (2018). The one-dimensional dynamic dispatch waves problem. *Transportation Science*, 52 (2): 402-415.

[12] Liu, Z., D. J. Zhang and F. Zhang (2021). Information sharing on retail platforms. *Manufacturing & Service Operations Management*, 23 (3): 606-619.

[13] Ma, W., D. Simchi-Levi and J. Zhao (2021). Dynamic pricing (and assortment) under a static calendar. *Management Science*, 67 (4): 2292-2313.

[14] Ning, Z. E. (2021). List price and discount in a stochastic selling process. *Marketing Science*, 40 (2): 366-387.

[15] Qiu, Y. and R. C. Rao (2020). Increasing retailer loyalty through the use of cash back rebate sites. *Marketing Science*, 39 (4): 743-762.

[16] Su, X. and F. Zhang (2008). Strategic customer behavior, commitment, and supply chain performance. *Management Sci-*

ence, 54 (10): 1759-1773.

[17] Su, X. and F. Zhang (2009). On the value of commitment and availability guarantees when selling to strategic consumers. *Management Science*, 55 (5): 713-726.

[18] Voccia, S. A., A. M. Campbell and B. W. Thomas (2019). The same-day delivery problem for online purchases. *Transportation Science*, 53 (1): 167-184.

[19] Wu, X. and F. Zhang (2014). Home or overseas? An analysis of sourcing strategies under competition. *Management Science*, 60 (5): 1223-1240.

[20] Yu, Y., R. B. M. De Koster and X. Guo (2015). Class-based storage with a finite number of items: Using more classes is not always better. *Production and Operations Management*, 24 (8): 1235-1247.

[21] Zhang, F. (2006). Competition, cooperation, and information sharing in a two-echelon assembly system. *Manufacturing & Service Operations Management*, 8 (3): 273-291.

[22] Zhang, F. and R. Zhang (2018). Trade-in remanufacturing, customer purchasing behavior, and government policy. *Manufacturing & Service Operations Management*, 20 (4): 601-616.